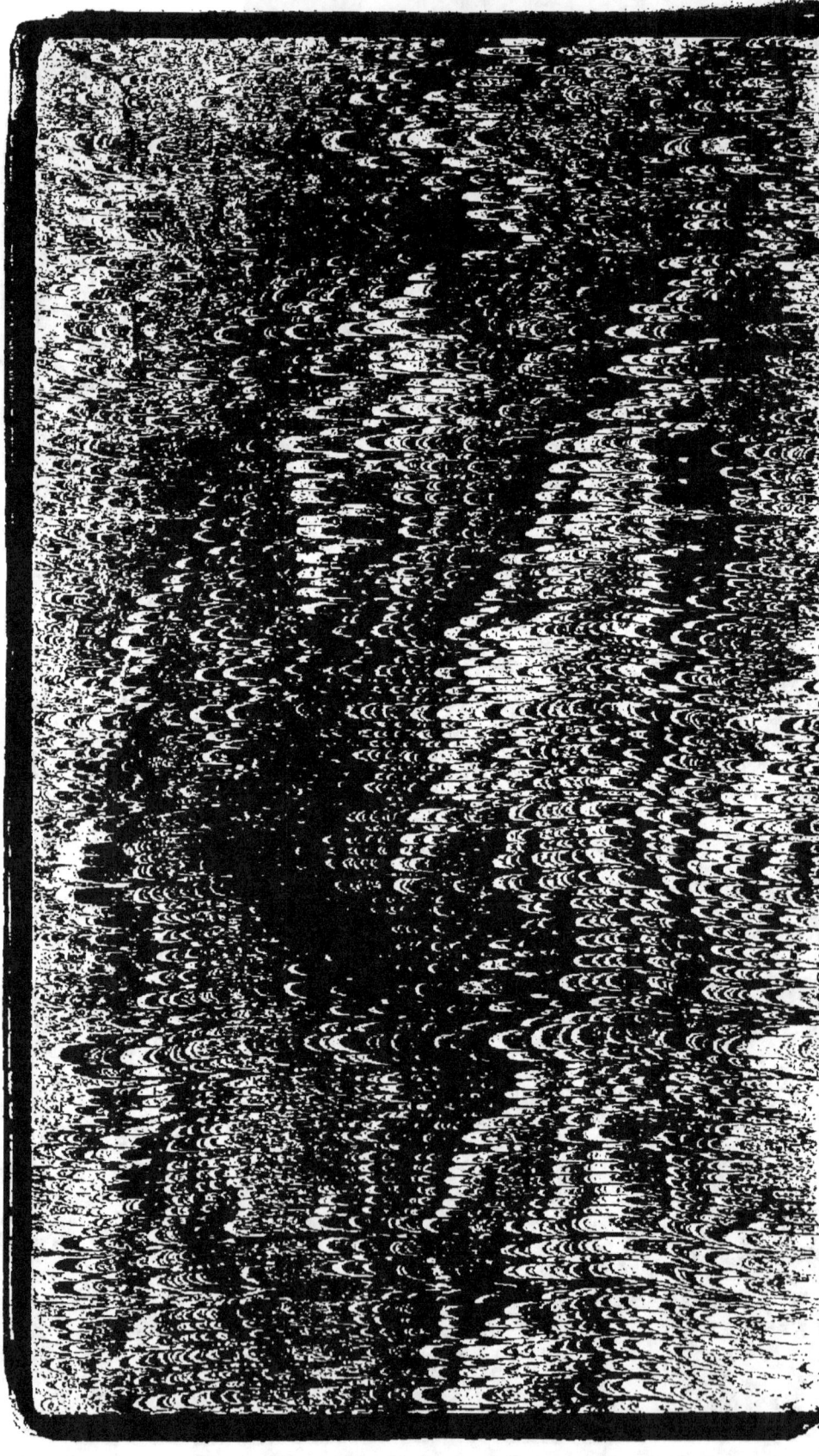

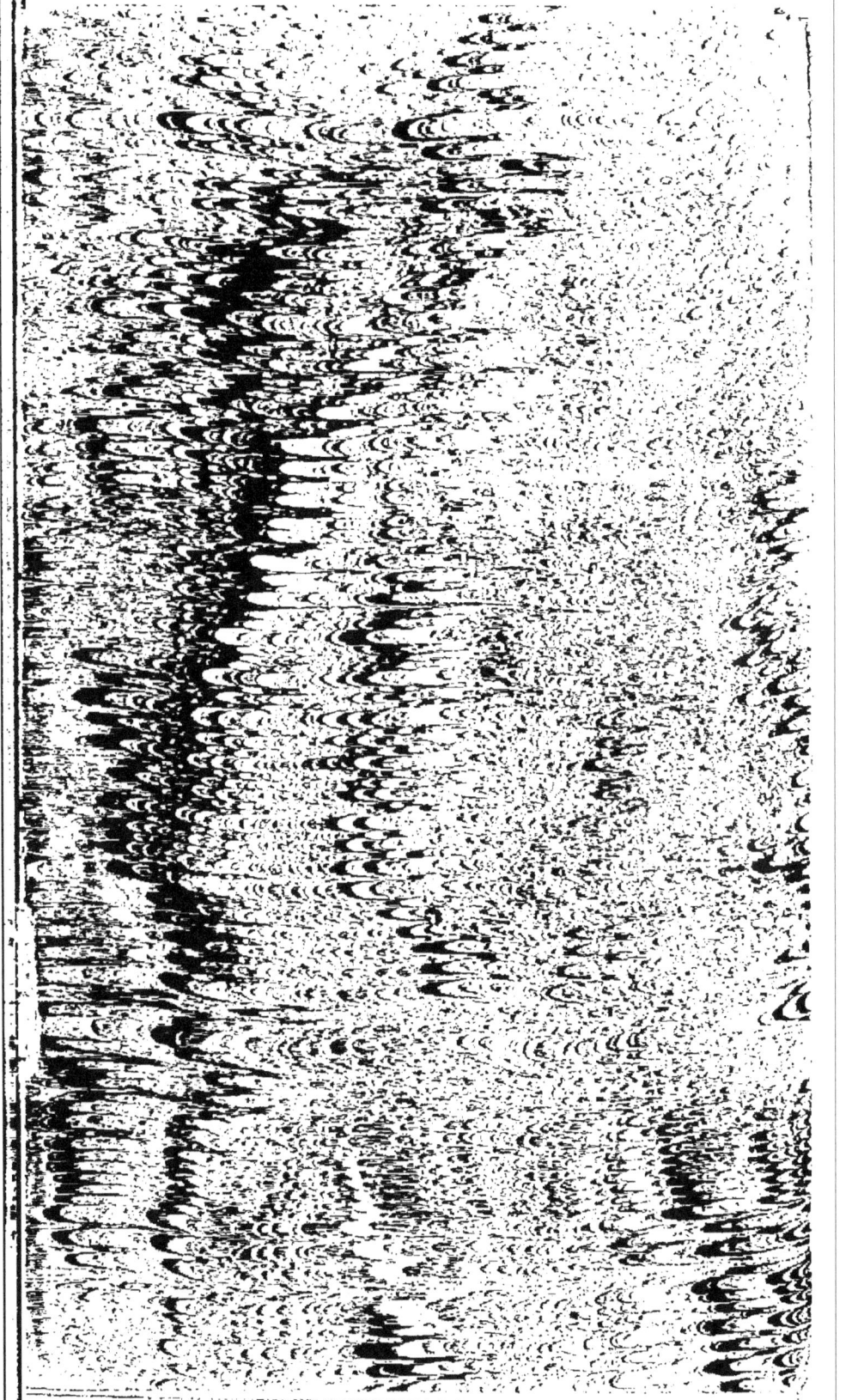

C
2171

DE L'EDVCATION CHRESTIENNE DES ENFANS,

SELON

LES MAXIMES DE L'ECRITVRE SAINTE ET LES INSTRVCTIONS des Saints Peres de l'Eglise.

A PARIS,
Chez PIERRE PROME', ruë de la vieille Bouclerie, proche le Pont S. Michel, à l'enseigne de la Charité.

M. DC. LXVI.
Avec Privilege & Approbation.

AVIS.

CE Traité de l'Education Chrestienne des Enfans a esté composé il y a huit ou neuf ans par un Ecclesiastique, pour une de ses sœurs, qui est engagée dans le mariage. Il ne s'estoit proposé en le faisant, que d'aider en particulier cette personne à s'acquiter dignement d'une des principales obligations de l'estat où Dieu l'a appellée, qui est d'élever ses enfans dans la crainte de Dieu & dans son amour. Mais dans la suite du temps ce Traité ayant esté veu par plusieurs de ses amis, qui ont jugé qu'il le devoit donner au public, le respect & la soûmission qu'il a pour leurs sentimens l'ont obligé de s'appliquer à le rendre propre à tous les peres & à toutes les meres.

C'est pour cela qu'il y a ajoûté plusieurs Avis & plusieurs Maximes qu'il a crû leur pouvoir estre utiles ; & qu'en general il a tâché d'accommoder à toutes sortes de conditions, & à toutes sortes de

AVIS.

personnes tout ce qui y estoit contenu.

Il s'est mesme efforcé de donner à tous les peres & à toutes les meres des regles certaines qu'ils puissent suivre dans tous les divers âges de leurs enfans ; & l'on peut dire que s'ils s'appliquent, comme ils doivent, aux veritez, qui leur sont proposées dans cet ouvrage, ils y trouveront tout ce qui peut contribuer à rendre leur education conforme aux regles de l'Evangile.

Ceux qui ne sont point encore engagez dans le mariage, y apprendront aussi avec quel esprit ils s'y doivent engager ; & combien les obligations de cet estat sont hautes & relevées.

Ceux qui y ont renoncé pour embrasser la vie religieuse, y trouveront de grands sujets de loüer Dieu de ce qu'il n'a pas permis qu'ils soient entrez dans une condition, où il est si difficile de se bien acquiter de son devoir, où la moindre faute que l'on commet peut avoir des suites si dangereuses, & où le salut dépend presque de celuy de ses enfans, &

1. à Timot. *de leur perseverance dans la Foy, dans la*
2. 15. *Charité, & dans une vie bien reglée.*

Enfin tous ceux qui sont chargez dans

AVIS.

le siecle, ou dans les Monasteres, de l'education des Enfans, & qui par consequent leur tiennent lieu de peres & de meres, y trouveront les lumieres & les secours, qui leur sont necessaires pour s'acquiter, comme ils doivent, d'un employ si important.

Peut-estre que quelques personnes jugeront que l'on est trop descendu dans le particulier en quelques endroits. Mais l'Auteur a crû que s'agissant de prescrire des regles non de speculation, mais de pratique, on ne pouvoit trop entrer dans le détail; & qu'il devoit faire luy-mesme quelque application des Maximes qu'il propose, afin de donner plus d'ouverture à ceux qui les voudront suivre, & les appliquer dans la conduite de leur famille.

On espere que Dieu répandra sa benediction sur ces Maximes; par ce qu'on a eu un soin tout particulier de les tirer des deux sources les plus pures de la Verité, qui sont celles de l'Ecriture sainte, & des anciens Peres de l'Eglise.

Extrait du Privilege du Roy.

PAR grace & Privilege du Roy, en datte du 23. jour de Novembre 1665. signées PEPIN, & scelées du grand Sceau. Il est permis à PIERRE PROMÉ, Marchand Libraire à Paris, d'imprimer, vendre & debiter un Livre intitulé *De l'Education Chrestienne des Enfans*, &c. durant le temps & espace de cinq années, & deffenses sont faites à tous autres de l'imprimer, vendre ou distribuer sans son consentement, sur les peines portées par lesdites Lettres.

Registré sur le Livre de la Communauté des Libraires, suivant l'Arrest du Parlement, en datte du 8. Avril 1653. Fait à Paris le 1. de Decembre 1665.
  Signé PIGET, Syndic.

Achevé d'imprimer pour la premiere fois le 9. Mars 1666.

APPROBATION
des Docteurs.

L'Education des Enfans est une des choses du monde de la plus grande importance. Les Payens l'ont regardée comme l'unique bien de la Republique, ils y ont appliqué tous leurs soins, & ils ont composé des Livres sur ce sujet qui ne sont pas les moins considerables de l'antiquité. Cependant on peut dire que tous leurs soins & toutes leurs veilles ont esté inutiles. Ils ont cherché un bien qui leur estoit impossible de découvrir. Les tenebres du Paganisme les ont empesché de reconnoistre la vertu: & en voulant en instruire les autres, ils n'ont jamais pû s'en former qu'une idée grossiere, & qu'une ombre fort éloignée de la verité. Mais l'école du Christianisme doit estre remplie de Maistres bien plus éclairez par les lumieres qui naissent du feu que la grace de Iesvs-Christ allume dans les ames des fideles. L'Ecriture sainte & les ouvrages des Peres y fournissent la matiere & la forme pour faire

ā iiij

les vrays gens de bien ; & on y trouve tous les preceptes necessaires pour enseigner aux peres & aux meres ce qu'ils doivent apprendre à leurs enfans. L'Auteur de ce Traité est assurément du nombre de ces excellens Maistres. Sa pieté & son erudition éclatent sans faste dans tous les endroits de son Livre. Nous l'avons leû avec toute l'exactitude possible, & nous le jugeons tres-utile & tres-necessaire au public, n'ayant rien qui ne soit tres-conforme à la Religion Catholique, Apostolique, & Romaine. FAIT à Paris le 24. Fevrier 1666.

J. FORTIN.

BOILEAV.

TABLE
DES CHAPITRES
ET DES MATIERES
qui sont contenues dans ce Livre.

PREFACE, *pag.* 1
CHAP. I. *De l'excellence du mariage chrestien*, 7
CHAP. II. *Que l'education des Enfans est une des plus élevées & des plus hautes vocations du Christianisme : & d'où vient qu'on la neglige.* 17
CHAP. III. *Combien les peres & les meres sont interessez dans l'education chrestienne de leurs enfans : & en particulier de quelle importance elle est aux meres.* 35
CHAP. IV. *Surquoy particulierement est appuyée l'obligation que les peres & les meres ont de travailler à l'education chrestienne de leurs enfans.* 49
CHAP. V. *Dans quels sentimens il faut travailler à l'education chrestienne des enfans.* 58

TABLE

CHAP. VI. *Les idées qu'il faut se proposer d'imiter pour rendre chrestienne l'education des enfans.* 78

CHAP. VII. *Introduction aux Maximes que les Chrestiens doivent suivre dans l'education des enfans.* 89

CHAP. VIII. *Les Maximes & les Avis qu'il faut suivre pour rendre chrestienne l'education des enfans.* 97

MAXIMES *Tirées de la sainte Ecriture.* 98

MAXIMES *Tirées de S. Iean Chrysostome.* 102

MAXIMES *Touchant la maniere dont on doit aimer ses enfans.* 110

MAXIMES *Touchant le soin que l'on doit avoir de dtacher du monde les enfans, & de leur inspirer des sentimens chrestiens.* 113

MAXIMES *Touchant la recherche que l'on doit faire des inclinations dominantes dans les enfans.* 118

MAXIMES *Touchant l'instruction des enfans.* 120

MAXIMES *Touchant les motifs par lesquels il faut engager les enfans au travail, & à ce que l'on desire d'eux.* 129

MAXIMES *Touchant le soin que l'on doit avoir de la santé des enfans, & de ce qui regarde leur corps.* 135

DES CHAPITRES.

Maximes *Touchant ce qu'il faut particulierement éviter dans les entretiens que l'on a devant les enfans.* 138

Maximes *Touchant les châtimens que l'on exerce à l'égard des enfans.* 140

Maximes *Touchant les differens que les enfans ont d'ordinaire avec les domestiques, & les libertez qu'ils prennent avec eux.* 144

Maximes *Touchant la liberté qu'il faut donner aux enfans d'exprimer leurs sentimens & leurs pensées.* 149

Maximes *Touchant l'égalité qu'il faut garder entre les enfans.* 161

Maximes *Touchant le coucher des enfans.* 171

Maximes *Touchant les complaisances que les peres & les meres ont pour leurs enfans.* 173

Maximes *Touchant les jeux & les recreations des enfans.* 174

Maximes *Touchant les compagnies qu'il faut permettre aux enfans.* 177

Maximes *Touchant le soin qu'il faut avoir de faire rendre aux enfans ce qu'ils doivent à leurs peres.* 184

Avis *Touchant le luxe & les ajustemens du siecle.* 189

TABLE DES CHAP.

Avis *Touchant les chansons mondaines.* 205
Avis *Touchant les Romans.* 221
Avis *Touchant les bals, les danses & les assemblées.* 231
Avis *Touchant les Comedies.* 248
Dernier Avis *Qu'il faut particulierement se proposer dans l'education de ses enfans de les porter à se consacrer à Dieu, & à le servir.* 280
CHAP. IX. *En quel âge ces Maximes & ces Avis doivent estre appliquez.* 307
CHAP. X. *Qu'il faut principalement suivre ces Maximes & ces Avis dans l'education des enfans que l'on destine au monde.* 324
CHAP. XI. *Les moyens qui facilitent l'application de ces Maximes & de ces Avis dans l'education chrestienne des enfans.* 334
CHAP. XII. *Ce qui est le plus opposé à l'application de ces Maximes & de ces Avis dans l'education chrestienne des enfans.* 378

Ma très-chere Soevr,

Puisque Dieu a voulu que je partageasse avec vous les biens de la nature, & que nostre commune naissance, ne nous permet pas d'avoir rien de particulier dans les avantages du siecle ; je croy qu'il approuvera le desir que j'ay d'estendre ce droit sur les biens mesmes de la grace, & qu'il trouvera bon qu'en vous faisant part de ce que j'ay pû recueillir dans les livres de l'Eglise, je n'aye rien de reservé pour une personne qu'il m'a rendu si chere.

Ie ne croy pas mesme que le monde, tout accoûtumé qu'il est à desaprouver les actions de ceux qui l'ont abandonné, puisse condamner celle-cy. Car si l'on ne trouve pas mauvais que ceux qui s'aiment par des motifs interessez, & pour les biens de cette vie, se servent de ces biens pour se donner l'un à

EPISTRE.

l'autre des preuves de leur amour: pourquoy s'estonneroit-on que ceux qui sont liez par une amitié toute dégagée des sens, employassent les choses spirituelles pour se témoigner reciproquement leur affection?

Ne pensez donc pas, ma Sœur, que cette production soit l'effet seulement d'un amour naturel qui me fasse entrer dans tous vos interests. J'ay esté excité à vous écrire par des mouvemens plus saints, & plus puissants. Il ne m'est plus permis d'agir seulement par ceux de la nature: Et ayant puisé tout ce que je vous presente dans les livres sacrez, & dans les écrits des Peres de l'Eglise, je puis vous asseurer que je n'ay que la moindre part à cet ouvrage.

Ainsi ne faites point reflexion sur celuy qui vous le presente, mais appliquez-vous uniquement à enrichir vostre ame des vertus qui vous y sont découvertes, & que Dieu demande dans une Mere chrestienne.

Considerez que vous ne pouvez luy donner de plus grandes marques de vostre amour, & de vostre fidelité, que d'élever vos enfans selon les loix de l'Evangile, & les con-

EPISTRE.

œils des Peres de l'Eglise, & que vous ne sçauriez luy faire un sacrifice, qui luy soit plus agreable, que de les luy consacrer par une sainte Education, comme estant la meilleure partie de vous-mesme. Il n'y a mesme rien qui puisse le porter davantage à répandre sur vous & sur eux ses benedictions, que le soin que vous prendrez de les instruire dans sa crainte & dans son amour, afin qu'en l'imitant parfaitement ils fassent connoistre à tout le monde, qu'il est leur veritable pere, & qu'ils sont veritablement ses enfans.

C'est pour vous aider dans ce loüable dessein que j'ay demandé à nostre Seigneur IESVS-CHRIST la lumiere qui m'estoit necessaire pour remarquer dans les saintes Ecritures, & dans les livres des Peres de l'Eglise, les Maximes que l'on doit suivre dans l'education des Enfans: que je l'ay instamment prié de faire luy-mesme le choix des Avis qu'il vouloit que j'en tirasse, afin de vous les proposer, & de se servir de moy, tout indigne que je suis, pour vous donner la connoissance des be-

EPISTRE.

soins de vos enfans, & de ses desseins sur vous & sur eux.

Considerez donc, s'il vous plaist, ce petit ouvrage comme un recüeil de ce qu'il y a de plus saint & de plus pur dans la doctrine de l'Eglise touchant le sujet qu'il traite. Ie n'ay fait que joindre les passages les uns aux autres. Et s'il y a quelques propositions dont les Auteurs ne soient pas marquez, c'est parce qu'elles estoient renfermées dans les principes que j'ay establis sur les autoritez de ces grands Saints.

Il ne me reste rien maintenant, sinon de prier Dieu, que ce que i'ay fait pour décharger ma conscience, ne rende pas la vostre criminelle : mais plûtost qu'il fasse par sa grace, qu'en mettant en pratique ces Maximes & ces Avis salutaires que ie vous offre, vous fassiez une heureuse experience de ce que dit S. Ierosme, Que le salut des Enfans tourne à la gloire & à l'avantage de leurs peres & de leurs meres.

DE L'EDVC.

DE L'EDVCATION CHRESTIENNE DES ENFANS.

PREFACE.

IEN n'est plus commun que le mariage parmy les hommes; & rien n'est plus inconnu que les devoirs de cette condition si commune. La plus part de ceux qui s'y engagent n'en regardent que le dehors, & ce qu'elle a de charnel & de terrestre ; & ils ne s'infor-

ment en aucune sorte, ni des obligations qu'elle enferme, ni des difficultez extrémes qu'il y a de s'en acquiter chrestiennement. On s'embarque dans ce voyage de toute la vie, sans sçavoir où l'on va, ni quelle route on y doit tenir : & en contractant une alliance indissoluble avec une personne estrangere, à peine connoist-on celuy, qui doit estre non seulement le compagnon de nostre bon-heur ou de nostre mal-heur en cette vie, mais qui en doit estre une des principales causes, & dans cette vie, & pour toute l'eternité.

Pour embrasser solemnellement une vie reguliere sous l'obeïssance d'une superieure choisie entre plusieurs pour ses vertus & pour ses bonnes qualitez, il faut au moins une année d'épreuve selon l'ordonnance de l'Eglise : mais afin qu'une fille se range sous l'obeïssance d'un mary, qu'elle se charge du soin d'une famille (ce qui demande presque la soumission d'une Religieuse, & la sagesse d'une superieure) on trouve qu'il n'y a point de temps trop court, on conclut ces sortes d'affaires en un mois ou en quinze jours, sans faire aucune reflexion sur les dispositions, & sur les qualitez que l'on a pour se bien acquiter de ses devoirs.

Cependant quand on est une fois engagé, il n'y a plus de moyen de reculer. Il faut aller jusques au bout, & satisfaire aux devoirs de sa condition, ou renoncer au salut. On peut bien se repentir de la temerité de son engagement : mais on n'est plus libre de le changer. C'est pourquoy celles qui se trouvent ainsi liées, voyant que Dieu leur deffend de se dégager, doivent croire que sa volonté est

4 DE L'EDVCATION
qu'elles demeurent dans cét eftat, de quelque maniere qu'elles y foient entrées, & qu'elles s'appliquent uniquement à connoîftre & à pratiquer ce que Dieu demande d'elles.

La connoiffance de ces obligations, dans laquelle la lumiere de Dieu fait entrer certaines ames, qui fe trouvent engagées fans y avoir affez meurement penfé, eft pour elles en quelque forte le commencement de leur vocation. Car fi l'on ne peut pas dire qu'elles ayent efté appellées au mariage : on ne peut douter au moins qu'elles n'ayent efté appellées dans le mariage ; & cela fuffit pour y demeurer en paix & en repos felon cet avis de faint Paul. *Que chacun demeure dans la vocation & dans l'eftat dans lequel Dieu l'a appellé.*

Dans la 1. Epiftre aux Cor. chap. 7. v. 20.

Tout ce qu'elles ont donc à faire eft d'adorer humblement les conseils de Dieu sur elles, de se contenter de la mesure de la grace qu'il leur a faitte, & en ne se cachant point à elles-mesmes les difficultez & les obligations de leur estat, de se resoudre à accomplir fidelement tout ce que Dieu leur y ordonne.

Que si les personnes qui se sont engagées legerement dans le mariage sont obligées à ne se point cacher à elles-mesmes les difficultez & les obligations de cét estat: celles qui, comme vous ma Sœur, ne l'ont embrassé qu'aprés beaucoup de prieres & de serieuses reflexions peuvent-elles les negliger sans estre infidelles aux lumieres & aux graces par lesquelles Dieu leur a fait concevoir l'esperance de s'y sanctifier par l'accomplissement des choses qu'il exige d'elles?

Or pour estre en estat de les pratiquer encore plus parfaitement que vous n'avez peut-eſtre fait iuſ-ques icy, il faut quitter tous les ſentimens humains, & vous re-hauſſer audeſſus de toutes les veuës baſſes & charnelles, que les hommes ont ordinairement du mariage, afin d'entrer dans les ſen-timens de Iesvs-Christ, & dans les deſſeins qu'il a eus en élevant cette alliance humaine à la di-gnité d'un des Sacremens de ſon Egliſe.

CHAPITRE I.

De l'excellence du Mariage chrestien.

UNE des raisons principales qui a porté le Sauveur du monde à élever l'alliance humaine du mariage à la dignité de Sacrement, a esté la volonté qu'il a eüe de sanctifier par ce moyen la generation des enfans, & de donner aux personnes mariées les graces necessaires pour s'appliquer saintement à leur éducation. Car, comme remarque saint Augustin, la volonté des fideles ne se déterminant pas au mariage seulement " afin de mettre au monde des en- " fans pour y mourir; mais afin qu'en " renaissant en IESVS-CHRIST ils "

Liv. 1. des ccnop. c. 8.

A iiij

" reçoivent la vie eternelle : comment eussent-ils pu s'acquitter de ce devoir avec plus de facilité qu'en recevant (lors qu'ils contractent cette sainte alliance) la grace particuliere que Nostre Seigneur y a attachée, & qu'il leur avoit meritée par sa passion ? C'est par cette grace que le mariage a esté rétabli dans sa premiere dignité, dont il estoit décheu aprés le peché & dans la loy de nature, & dans la loy de Moïse : & comme dit le sacré Concile de Trente,
" c'est par elle que l'amour naturel,
" que les personnes mariées se por-
" tent l'un à l'autre, a esté perfe-
" ctionné, que l'union indissoluble
" de leurs cœurs a esté fortifiée, &
" que toutes leurs actions ont esté
" sanctifiées.

Session 24.

Le second motif qui a porté IESVS-CHRIST à élever le mariage des Chrestiens à la dignité de Sacrement, a esté afin de nous donner un signe exterieur & sensible de la charité infinie qu'il a pour nous, & de l'estroite union qu'il a contractée avec son Eglise, qui est son épouse. Desorte que ce qui fait la principale gloire de ceux qu'il unit par ce sacré lien, est l'honneur qu'ils ont de nous representer parfaitement cette divine alliance.

C'est ce que saint Paul exprime admirablement dans l'Epistre aux Ephesiens en des termes, que je souhaitterois pouvoir graver dans le fond de vostre cœur, & que je vous conjure d'avoir continuellement dans vostre souvenir.

Que les femmes, dit cét Apostre, *soient soumises à leurs maris comme elles le sont à Dieu: car le mary est le chef de sa femme, comme* IESVS-CHRIST *est le Chef de l'Eglise qui est son Corps, & en est luy-mesme le*

Chap. 5.
v. 22.

Sauveur. Comme donc l'Eglise est soumise à Iesvs-Christ, les femmes aussi doiuent estre soumises en tout à leurs maris. Et vous maris aimez vos femmes comme Iesvs-Christ a aimé l'Eglise, & s'est liuré luy-mesme à la mort pour elle, afin de la sanctifier après l'auoir purifiée par la parole dans l'eau du baptesme, & pour la faire paroistre deuant luy pleine de gloire, n'ayant ni tache, ni ride, ni rien de semblable; mais estant sainte & irreprehensible. Ainsi les maris doiuent aimer leurs femmes comme leur propre corps. Celuy qui aime sa femme s'aime soy-mesme: car nul ne hait sa propre chair; mais il la nourrit & l'entretient comme Iesvs-Christ fait son Eglise, parceque nous sommes les membres de son Corps; faisant partie de sa chair, & de ses os. Et c'est pour cela qu'il est dit dans l'Escriture que l'homme abandonnera son pere & sa mere pour vivre avec sa femme, & que de deux qu'ils estoient ils deviendront une mesme chair... Ainsi que chacun de vous aime sa femme comme soy-mesme, & que la femme respecte & honore son mary.

Vous voyez par là, ma Sœur, que saint Paul fait un paralelle continuel de Iesvs-Christ & de son Eglise avec l'Espoux & l'Espouse Chrestienne ; qu'il conclut les devoirs de la femme envers son mary, & ceux du mary envers sa femme, de la soumission que l'Eglise a pour Iesvs-Christ, & de la grace que Iesvs-Christ communique à son Eglise ; & qu'il ne donne pas d'autre idée de l'amour mutuel, & de la fidelité qu'ils se doivent l'un à l'autre, & de l'union indissoluble qui doit estre entr'eux, que l'amour que Iesvs-Christ a pour son Espouse, que la fidelité que cette sainte Espouse a pour Iesvs-Christ, & que l'union qu'il a voulu avoir avec l'Eglise en la rendant son corps.

Ne faut-il donc pas avoüer aprés ce grand Apostre, Qu'en verité le mariage *est un grand Sacrement en* IESVS-CHRIST *& en son Eglise*; & qu'il *est honorable en tout*, c'est à dire, comme l'expliquent les SS. Peres, en toutes ses parties.

Dans le mesme chap. 5. de l'Epist. aux Eph. v. 32.
Heb. 12. v. 4.

Oüy, ma Sœur, vous devez avoir beaucoup d'estime de l'estat auquel Dieu vous a appellée, parceque de mesme que ce fut luy qui ayant tiré Eve du costé d'Adam nostre premier pere, la luy donna pour son espouse; c'est aussi luy qui de sa main invisible a fait le nœud du sacré lien de vostre mariage, & qui vous a donnée à vostre espoux.

Vous le devez ; parceque Dieu voulant multiplier des ames qui le pussent benir & loüer dans toute l'eternité, il vous a fait l'honneur de vous choisir, afin de cooperer par la production de vos enfans & par leur education à un si grand ouvrage.

Vous le devez ; parceque IESVS-CHRIST par sa presence aux nopces de Cana en Galilée a sanctifié toutes celles qui se doivent celebrer entre les Chrestiens.

Vous le devez enfin, non seulement parce qu'il y a tant de saintes personnes dans l'ancien & dans le nouueau Testament qui ont vescu tres-saintement dans le mariage, mais mesme parceque la Mere de Dieu la plus pure & la plus innocente de toutes les creatures a esté engagée dans les liens de cette indissoluble alliance que vous avez contractée. En sorte que si par le vœu de virginité qu'elle fit avant la salutation angelique, elle a esté, au rapport de saint Augustin, le modele de toutes les vierges qui la *Livr. de la sainte Virginité, c. 4.*

devoient suivre ; elle n'a pas moins esté, dans le sentiment de ce mesme Pere, l'exemple des personnes mariées en espousant saint Ioseph, & en leur insinuant puissamment par sa conduite que le mariage ne laissoit pas de subsister veritablement, quoique d'un commun consentement ils se proposassent de vivre dans une sainte continence.

Livre 5. contre Iulien, chap. 12.

Mais sur tout, ma Sœur, vous devez vous estimer tres-heureuse de ce que vostre mariage est le Sacrement & l'image de celuy de Iesvs-Christ avec son Eglise; de ce qu'il vous a permis & mesme ordonné de considerer vostre mary, comme l'Eglise fait Iesvs-Christ ; d'avoir pour luy toute la tendresse & toute la soûmission dont vous estes capable, comme l'Eglise l'a pour Iesvs-Christ ; de vous laisser conduire par son esprit, comme l'Eglife fe laiffe conduire par celuy de Iesvs-Christ; d'entrer dans toutes fes affections & dans tous fes fentimens, de partager avec luy toutes fes peines & toutes fes afflictions, comme l'Eglife fait celles de Iesvs-Christ; & de ne porter point d'ornemens exterieurs ni de parures affectées, qu'autant qu'il vous permettra d'en porter; de mefme que l'Eglife n'a d'éclat & de gloire, que ce que Iesvs-Christ luy en communique.

Que fi les Patriarches & les Ifraëlites s'eftimoient tres-honorez d'avoir des enfans; parce que le peuple de Dieu en eftoit augmenté; qu'ils efperoient que le Meffie naiftroit de leur fang, & qu'ils auroient peut-eftre l'avantage de luy donner un pere ou une mere: quelle gloire ne devez-vous pas attendre de fournir à Iesvs-Christ des sujets de ses misericordes, & de mettre au monde des enfans qui pourront devenir les membres & les freres du Fils de Dieu?

Vous meriterez cette gloire, & vous vous aquiterez en mesme temps des principaux devoirs de l'estat où vous estes engagée, si vous vous appliquez serieusement à donner à vos enfans une education toute sainte & toute chrestienne, aprés vous estre défaite des fausses lumieres & des erreurs pernicieuses qui sont causes que la plufpart des peres & des meres negligent l'education de leurs enfans, & qu'ils n'en ont que des idées fort basses & fort éloignées de l'excellence de la vocation à laquelle ils ont esté appellez.

CHAP.

CHAPITRE II.

Que l'education des enfans est une des plus élevées & des plus hautes vocations du christianisme ; & d'où vient qu'on la neglige.

E qui fait que l'on conçoit d'ordinaire une basse idée de l'education des enfans, c'est que l'on a pour soy-mesme une tres-basse idée de la vie chrestienne. Et ainsi comme la vie que l'on se propose de mener n'a rien de penible ni de difficile, parce qu'elle est toute basse & toute charnelle, on ne s'imagine pas aussi de grandes difficultez dans la conduitte des enfans, parce qu'on n'a pas pour eux des veües plus nobles & plus relevées que pour soy-mesme.

B

Il est donc necessaire, afin de sçavoir ce que c'est que d'élever chrestiennement ses enfans, de sçavoir premierement ce que c'est que de vivre chrestiennement ; & sur tout il est necessaire de s'estre défait d'une illusion qui trompe la plus-part du monde, qui se persuade qu'il n'y a que les Religieux qui soient appellez à la sainteté, & que la vie commune des Chrestiens n'a rien de laborieux ni de penible.

Pour vous convaincre du contraire, il suffit, ma Sœur, de vous faire observer que l'estat du christianisme est un estat de sainteté & d'innocence ; que tous ceux qui en font profession doivent, selon les paroles expresses de l'Evangile *estre aussy parfaits que leur Pere celeste est parfait* ; & comme remarque fort bien S. Chrysostome, qu'il ne doit point y avoir d'autre dif-

En S. Matt. c. 5. v. 48.

Cont. vit. vita Mon. lib. 3.

ference entre les Religieux & ceux qui vivent dans le siecle, sinon que ceux-cy s'engagent dans les liens du mariage, au lieu que les Religieux conservent toute leur liberté.

Et afin qu'il ne vous puisse rester aucun doute dans l'esprit sur ce point, & que vous en bannissiez entierement cette premiere erreur, qui cause tous les dereglemens qui se sont glissez dans les mœurs des Chrestiens; je vas simplement traduire ce que ce grand Docteur de l'Eglise grecque en a écrit dans un de ses ouurages qu'il adresse à un Pere fidele.

Ce grand Saint aprés y avoir fait voir que les personnes engagées dans le siecle ne sont pas moins obligées, que les Religieux, à observer exactement les commandemens que IESVS-CHRIST nous fait dans l'Evangile; parcequ'il n'y a point de distinction dans ses paroles ; & que par exemple il a defendu absolument de jurer, ou de regarder la femme de son prochain avec des desirs criminels, conclut que tous les autres preceptes de l'Evangile, qui ne s'adressent point à un estat particulier qui y soit exprimé, s'estendent communement à tout le monde : & par consequent que Nostre Seigneur ayant declaré en general, que le veritable bonheur consiste dans la pauvreté d'esprit & dans les larmes, dans la faim & dans la soif de la justice, dans les persecutions & dans les souffrances ; & que les riches & ceux qui vivent dans l'abondance de toutes choses, dans les divertissemens & dans les applaudissemens du monde, sont veritablement malheureux ; il n'est pas plus permis aux Seculiers qu'aux Religieux, d'estimer ni de reconnoistre d'autres sources du bonheur, que la pauvreté & les larmes, les mépris & les souffrances; & que tous les Chrestiens doivent également se défier des richesses, des plaisirs, & des honneurs, comme des causes les plus certaines de leur perte.

Ainsi, ajoute-t-il, cette distin- « ction qu'on a mise entre les per- « sonnes qui vivent dans le siecle, & « celles qui y renoncent, est une pu- « re invention des hommes. L'Escri- « ture sainte n'en reconnoist point: « mais elle veut que tous les Chre- « stiens, & ceux-là mesmes qui sont « engagez dans le mariage, gardent « les mesmes regles, & le mesme « institut que les Religieux. Escoutez « ce que dit S. Paul; & quand je dis « S. Paul, c'est comme si je vous « raportois les paroles de Iesvs- « Christ mesme. Ce grãd Apostre « écrivant à des personnes mariées, «

„ qui travailloient à l'education de
„ leurs enfans, ne desire-t-il pas
„ d'eux toute l'exactitude & toute la
„ perfection d'une vie retirée & so-
„ litaire ? Car ne leur retranche-t-il
„ pas tous les plaisirs qu'ils pour-
„ roient prendre, ou dans l'orne-
„ ment des habits, ou dans la deli-
„ catesse du boire & du manger,

<small>Dans la 1. Epistre à Tim. chap. 2. v. 9.</small> „ quand il dit : *Voicy l'ordre que je*
„ *donne pour ce qui regarde les femmes.*
„ *Ie desire qu'elles soient habillées mo-*
„ *destement, & que leur maniere de se*
„ *vestir & de se parer ne respire qu'hon-*
„ *nesteté & que chasteté : qu'elles ne por-*
„ *tent point les cheveux frisez, ni des or-*
„ *nemens d'or, ni des perles, ni des ha-*
„ *bits somptueux ; mais qu'elles soient*
„ *vestües comme le doivent estre des fem-*
„ *mes qui font profession de pieté, &*
„ *qui la doivent faire paroistre par leurs*
„ *actions & par leurs œuvres?* Et quand

<small>Dans le ch. 5. v. 5.</small> „ il adjoûte en suite parlant des veu-
„ ves : *Celle qui vit dans les delices est*

morte dans l'ame, quoy qu'elle soit vi- «
vante dans le corps : & en un autre «
endroit parlant generalement de «
tous les fideles : *Ayant ce qu'il faut* «
pour vivre & pour nous vestir nous «
deuons estre contens : pouvoit-il exi- «
ger quelque chose de plus des «
Religieux ? «

Aprés que S. Chrysostome a ainsy parcouru toutes les regles que S. Paul donne aux personnes mariées, & la conduite qu'il leur presente, soit pour les conversations, dans lesquelles il ne defend pas seulement les cajolleries & le recit des fables & des inventions des hommes, mais encore les plaisanteries & les gayetez immoderées ; soit pour la douceur & la charité qu'il leur ordonne d'avoir les uns pour les autres, ne leur permettant pas mesme de s'emporter dans des paroles contre le prochain, & leur commandant

Eph. ch. 4.

d'estre tellement affectionnez à procurer le bien de tout le monde, qu'ils abandonnent leurs propres interests pour conserver la paix avec leurs freres : Aprés, dis-je, avoir fait voir que S. Paul impose aux mariez des loix, que les personnes les plus solitaires ont bien de la peine à accomplir, il ajoûte les paroles suivantes.

1. Thes. ch. 5.
1. Cor. ch. 3.

„ Que pourrions-nous trouver de
„ plus grand & de plus excellent que
„ ces regles & ces constitutions ? Et
„ puisque S. Paul nous commande
„ d'estre au dessus de la colere, des
„ clameurs, du desir des richesses,
„ de la bonne chaire, de la magnifi-
„ cence dans les vestemens, de la
„ vaine gloire, & des autres pompes
„ du siecle ; de n'avoir rien de com-
„ mun avec la terre, & de mortifier
„ nos membres & nostre corps:
„ n'est-il pas évident qu'il ne de-

mande pas une moindre perfection "
dans tous les Chrestiens, que "
IESVS-CHRIST dans ses Disciples; "
puisque mesme il nous ordonne "
d'estre autant morts au peché, que " *Rom. ch.*
si nous estions effectivement ense- " *6. v. 7.*
velis & morts au monde. "

Mais pour vous faire voir que "
c'est le dessein de l'Apostre, consi- "
derez que l'argument le plus puis- "
sant qu'il employe pour exhor- "
ter les Chrestiens à la patience "
& à l'humilité, est l'obligation "
qu'ils ont de se rendre confor- "
mes à IESVS-CHRIST. Que "
s'il ne nous ordonne pas de pren- "
dre pour modele de nostre vie des "
Religieux, ni mesme des Apostres, "
mais IESVS-CHRIST mesme; & "
qu'il menace de si horribles sup- "
plices ceux qui n'imitent pas cet "
aimable Sauueur, qu'elle raison "
peut-on avoir pour pretendre qu'il "
y a des estats dans le Christianis- "

„ me plus obligez que les autres à
„ tendre à une plus grande & plus
„ relevée perfection ; puisqu'il est
„ commandé à tout le monde d'at-
„ teindre à la mesme élevation, c'est
„ à dire à imiter IESVS-CHRIST?
„ Voila sans doute ce qui renverse
„ tout l'Vnivers. On s'est imaginé
„ qu'il n'y avoit que les Religieux
„ qui fussent obligez à bien vivre,
„ & que les autres pouvoient vivre
„ negligemment. On se trompe. Ce-
„ la n'est pas ainsi. Mais tout le mon-
„ de est obligé de suivre les mesmes
„ maximes, & d'entrer dans les mes-
„ mes sentimens.
„ Et ne pensez pas, *ajoûte encore*
„ *ce Saint*, que ce soit moy qui a~~sseure~~
„ ~~seure~~ cette verité. C'est IESVS-
„ CHRIST mesme qui l'enseigne.
„ C'est celuy qui doit juger tout le
„ monde, & qui le doit juger sur les
„ mesmes maximes : ce qui paroist
„ assez par la sentence rigoureuse

qu'il a prononcée contre le mau- «
vais riche, qui n'eſt pas tourmen- «
té, parce qu'eſtant Religieux il «
avoit eſté cruel ; mais qui bruſle «
dans des flammes qui ne s'étein- «
dront iamais, parcequ'il avoit «
beaucoup d'affection pour les «
pompes du ſiecle, & que vivant «
dans l'abondance des richeſſes & «
des plaiſirs, & eſtant couvert de «
pourpre & de veſtemens precieux, «
il mépriſoit & negligeoit de ſoula- «
ger le Lazare qui eſtoit reduit dans «
une grande miſere. «

En effet lors que Noſtre Sei- «
gneur dit : *Venez à moy vous tous* «
qui travaillez, & qui eſtes chargez : «
chargez-vous de mon joug, & apre- «
nez de moy que je ſuis doux & humble «
de cœur ; & vous trouverez le repos de «
vos ames ; il ne parle pas ſeulement «
aux Religieux, mais à toutes ſor- «
tes de perſonnes. Quand il com- «
mande d'entrer dans le chemin «

,, estroit, il ne fait pas seulement ce
,, commandement aux Religieux,
,, mais également à tous les hom-
,, mes. *Iesus* (ce sont les propres ter-
,, mes de l'Evangile) *disoit à tous : Si*
,, *quelqu'un veut se donner à moy, qu'il*
,, *renonce à soy-mesme, qu'il porte tous*
,, *les jours sa croix, & qu'il me suive.*
,, Et quand il a dit, que si quelqu'un
,, alloit à luy, & qu'il ne haïst pas son
,, pere & sa mere, sa femme, ses fre-
,, res, ses sœurs, & mesme sa propre
,, vie, en ne tenant compte de tou-
,, tes ces choses lors qu'il y va du ser-
,, vice & de la gloire de Dieu, il ne
,, pouvoit estre du nombre de ses
,, disciples, c'est à dire chrestien ; il
,, n'a excepté aucun estat ni aucune
,, profession : de mesme qu'il n'a ex-
,, cepté pas vn pere ni pas une me-
,, re, lors qu'il a dit, que celuy qui
,, aimoit son fils ou sa fille plus que
,, luy, n'estoit pas digne d'estre
,, à luy.

« Ie n'estime donc pas, *conclut ce grand Docteur*, qu'il y ait quelqu'un assez hardy, ni assez contentieux pour oser nier aprés des preuues si convaincantes, que les loix divines n'obligent pas également celuy qui vit dans le siecle, & celuy qui en est retiré, à la mesme perfection, & qu'en quelque estat que les Chrestiens vivent ils ne se fassent en tombant d'aussy dangereuses blessures. »

Quand on est persuadé de ces veritez on commence, ma Sœur, à comprendre combien il est difficile d'élever des enfans chrestiennement. Car cette education chrestienne devant consister à les mettre dans le train d'une vie chrêstienne, il faut qu'elle détruise en eux tout ce qui s'oppose à cette vie, comme l'amour de l'honneur: des plaisirs & de toutes les choses inutiles. De sorte que comme en effet la vie Crheſtienne du commun du monde ne doit point eſtre differente de celle des Religieux dans les vertus interieures, qui font l'eſſence de la perfection chreſtienne; il eſt clair auſſy que l'education des enfans ne doit point eſtre differente de la conduite des jeunes Religieux qu'on éleve dans un Monaſtere en ce qui regarde le fond de la vertu; puiſque nous ſommes tous pour ainſi dire Religieux de la Religion generale de Iesvs-Christ.

Mais ſi la baſſe idée que l'on a de la vie Chreſtienne, & le peu de ſentiment que l'on a dans le cœur de la grande pureté à laquelle elle nous oblige, eſt cauſe du peu de ſoin que l'on apporte à veiller à l'education des enfans: la fauſſe idée que l'on a que c'eſt peu de choſe que de perdre l'innocence, & qu'elle eſt facile à recouvrer, fait tomber la plufpart des peres & des meres dans cette horrible negligence. Cependant peut-il y avoir d'infidelité plus épouventable que de violer une des plus faintes & des plus inviolables alliances que Dieu puiffe iamais faire avec les hommes, qui eft celle du baptefme, où nous devenons une mefme chofe avec IESVS-CHRIST? Et quel outrage ne faifons nous pas à Dieu, dit Tertullien, lors qu'aprés avoir renoncé au diable, qui eft fon ennemi, & l'avoir mis au deffous de Dieu, nous le relevons enfuite, & retournant à luy nous nous rendons fon trophée & fa joye, afin que cet efprit de malice ayant recouvré la proye qu'il avoit perduë, triomphe en quelque façon de Dieu mefme.

" *Tertul. de la penit. c. 5.*

C'eft ce qui fait dire à un ancien Pere de l'Eglife, que fi quelqu'un

" *S. Pacien aux Catec.*

» tombe aprés le baptesme, il sera en
» pire estat qu'il n'estoit avant que
» d'estre baptisé; parceque le diable
» le retiendra plus estroitement dans
» ses liens, comme un esclave fugitif
» qu'il a repris dans sa fuite: & Iesvs-
» Christ ne pourra plus desormais
» endurer la mort pour luy ; parce
» que celuy qui est ressuscité des
» morts ne peut plus mourir de
» nouueau.

C'est aussi ce qui fait dire à saint Paul dans l'Epistre aux Hebreux, *Qu'il est impossible que ceux qui ont une fois esté éclairez qui ont gousté le don du Ciel, qui ont esté rendus participans du Saint Esprit, qui se sont nourris de la sainte parole de Dieu & de l'esperance des grandeurs du siecle à venir; & qui aprés cela sont tombez, se renouvellent par la penitence ; parce qu'autant qu'il est en eux ils crucifient le Fils de Dieu, & l'exposent à l'ignominie.*

Chap. 6. v. 4.

Ce

Ce n'est pas, ma Sœur, qu'il ne reste encore quelque esperance de pardon pour ceux, qui ayant esté une fois délivrez par IESVS-CHRIST se rengagent par leurs pechez dans la servitude du demon; & qu'il ne soit tres-veritable que les Chrestiens pechant volontairement aprés la connoissance de la verité, trouvent une hostie de propitiation pour leurs pechez. Mais c'est que pour obtenir ce pardon, & meriter d'estre encore une fois purifié par le sang de cette innocente Victime, il faut selon le langage des Peres, verser non seulement des larmes materielles, mais des larmes du cœur, qui partent d'un sincere repentir; & faire des actions de mortification fort au dessus des idées que l'on se forme communément de la penitence. De sorte que l'on peut dire qu'il est bien plus aisé de conserver l'innocence du baptefme, que de la recouvrer par cette voye, quand on l'a une fois perduë.

Que ne doivent donc pas faire les peres & les meres pour empefcher que leurs enfans ne tombent dans cette effroyable malheur? Et puifqu'il n'y a qu'une fainte & chreftienne education qui puiffe les en preferver ; avec quelle ardeur ne doivent-ils pas s'y appliquer ? Et quelle eftime ne doivent-ils pas concevoir d'une vocation qui les engage non feulement à infpirer à leurs enfans tous les fentimens de la pieté chreftienne, & de la plus haute perfection de l'Evangile ; mais encore à ufer de toutes fortes de précautions, & à rechercher tous les moyens poffibles pour les conferver dans l'innocence, & pour éloigner d'eux toutes les chofes, qui pourroient leur donner quelque atteinte & alterer ou

DES ENFANS. *Chap. III.* 35
diminuer le moins du monde en
eux la charité & la grace de IESVS-
CHRIST?

CHAPITRE III.

*Combien les peres & les meres sont in-
teressez dans l'education chrestienne
de leurs enfans : & en particulier
de quelle importance elle est aux
meres.*

E Saint Esprit nous a
voulu faire comprendre
l'interest que les peres
& les meres ont dans l'e-
ducation chrestienne de leurs enfans, quand il dit en tant de lieux
de l'Ecriture sainte, *qu'un enfant
sage & bien instruit fait toute la joye
de son pere ; au lieu qu'un enfant étour-
dy & élevé dans les folies du siecle méprise sa mere, & luy cause beaucoup*
C ij

Eccl. 22. 3. *de tristesse. Instruisez vostre fils*, dit le
Prov. 29. 15. mesme Saint Esprit par la bouche
de Salomon, *& il vous consolera de
toutes vos peines, & vous donnera un
grand contentement: au lieu que vous
recevrez beaucoup de confusion s'il est
mal élevé.*

Chap. 30. Et dans l'Ecclesiastique il dit,
v. 3. que celuy qui instruit bien son fils sera
loüé en sa personne, *& qu'il sera le
sujet de sa gloire au milieu de ses domestiques & de ses amis. S'il vient à
mourir*, ajoûte-t-il, *cela ne paroistra
quasi point, parce qu'il laisse aprés
luy un successeur qui luy ressemble. Il
a eu le bonheur & la consolation de le
voir luy-mesme durant sa vie, & il
n'a point à la mort d'affliction ni de
confusion devant ses ennemis, parcequ'il laisse un fils, qui peut proteger
sa famille contre leurs insultes, & reconnoistre les faveurs de ses amis.*

En effet si raisonnant mesme selon les maximes du monde, toute la gloire d'un pere & d'une mere de famille consiste dans l'establissement de leur maison, & dans leur bon gouvernement : qu'y a-t-il de plus avantageux aux peres & aux meres, que des enfans bien élevez; puisque selon le Sage on voit éclater dans leurs mœurs la sagesse & la prudence de leurs peres, & qu'il n'y a rien qui puisse contribuer davantage à rendre immortel leur nom & leur memoire, que cette bonne education?

Que sert à un pere d'avoir amassé quantité de richesses ; d'avoir fait beaucoup d'amis & de grandes acquisitions, s'il laisse des enfans, qui pour n'avoir pas esté bien élevez dissipent tous ces biens en des dépenses superfluës & criminelles, & qui rompent toutes ces honnorables alliances pour se joindre aux compagnons de leurs débauches? Quel soulagement pourra-t-il esperer quand il sera attaqué des incommoditez de la vieillesse ? Et quel secours pourra-t-il attendre dans ses infirmitez de ceux qui ne luy ont pas obëi, & qui l'ont méprisé lors qu'il estoit encore dans la vigueur de son âge, & qu'il pouvoit se faire craindre ?

Mais pour ne me servir que des raisons que la pieté nous fournit : quel avantage pourra tirer un pere d'une vie sainte & toute innocente, s'il est condamné de Dieu pour avoir negligé l'education de ses enfans ?

Ne pensez pas, s'il vous plaist, que j'avance de moy-mesme une proposition si étonnante. Elle est de S. Chrysostome, lequel apres avoir fait voir tres-évidemment " que chacun de nous n'est pas " moins obligé de procurer de tout " son pouvoir le salut du prochain, " que le sien propre ; & que le peu

Hom. 46. sur l'Epist. 1. à Tim.

de compte que l'on tient de ses pe- "
chez est le plus grand de tous les "
crimes, conclut que ceux qui au- "
ront negligé de bien élever leurs
enfans, doivent craindre d'estre
punis rigoureusement pour ce seul
peché, quoy que d'ailleurs ils me-
nent une vie vertueuse & reglée.

Il prouve cette verité par une
histoire de l'ancien Testament,
qui est connuë de tout le monde.
C'est celle du grand Prestre Heli
qui estoit de luy-mesme fort homme de bien, & qui (comme il pa-
rut dans les malheurs qui luy arri-
verent en suite) avoit une grande
soumission aux volontez de Dieu,
& un zele tres ardent pour la religion : mais qui pour s'estre con-
tenté de reprendre avec douceur
deux fils tres-méchans qu'il avoit,
& de leur representer la grandeur
de leur crime sans s'y opposer avec
tout le soin & toute la force qu'il

devoit, attira la colere de Dieu sur luy & sur toute sa famille. Ses deux fils furent tüez en un mesme jour. La femme de l'aisné perdit la vie dans les douleurs d'un accouchement avancé. L'Arche d'Alliance fut prise par les ennemis. Et luy-mesme ne pouvant supporter une si triste nouvelle tomba de sa chaire, s'écrasa la teste, & mourut. De sorte que quarante années employées au gouvernement du peuple de Dieu avec toute la justice & toute l'integrité imaginable, ne peurent empescher qu'Heli ne perist miserablement, pour n'avoir pas travaillé au salut de ses enfans avec la force & la vigueur que Dieu demandoit de luy. Cette negligence effaça toutes ses vertus & obscurcit toutes ses belles actions. Et ce peché, comme remarque S. Gregoire, ne pût estre expié dans la suite des siecles

ni par des oblations, ni par des sa- «
crifices.

C'est ce qui fait voir que les peres & les meres, qui negligent de châtier leurs enfans, & de les obliger à servir Dieu, se rendent effectivement leurs parricides. Car quoique ceux de ce grand Prestre, dont je viens de parler, ayent esté tüez par les ennemis : on peut dire neanmoins qu'il a esté luy-mesme la premiere cause de leur mort ; puisque sa negligence à les châtier a détourné d'eux le secours de Dieu, & les a exposez dénüez & abandonnez de toute assistance à ceux qui leur ont osté la vie. Ainsi, «
ajoûte S. Chrysostome, nous trai- «
tons nous-mesmes nos enfans avec «
plus d'inhumanité que les Barba- «
res ne pourroient faire ; parceque «
toute la crüauté de ceux-cy ne «
peut s'étendre que sur la liberté «
de leur corps : au lieu que nous «

» par nostre mauvaise conduite nous
» reduisons leurs esprits dans la ser-
» vitude des vices ; & en les laissant
» suivre leurs passions nous les ren-
» dons esclaves du demon mesme.

Faut-il donc s'estonner que Dieu punisse avec tant de severité le peu de soin que les peres & les meres ont de l'education de leurs enfans : & serons-nous surpris de ce qu'il a tant de rigueur pour ceux qui sont causes des crimes qu'ils commettent, parcequ'ils ne les en ont pas punis, ou qu'ils n'ont pas estouffé leurs passions dans leur naissance ; puisque mesme dans le sentiment de ce grand Docteur, encore que ces enfans vinssent enfin à se reconnoistre & à sortir du chemin du vice, pour marcher dans celuy de la vertu ; & que par un pur effet de la misericorde de Dieu ils renonçassent d'abord aux maximes du monde pour suivre celles de IESVS-CHRIST, leurs peres ne laisseroient pourtant pas d'estre châtiez tres rigoureusement, s'ils avoient negligé leur education ; parce qu'ils seroient censez avoir contribué autant qu'il estoit en eux à leur damnation & à leur perte.

Que si les fautes que les peres & les meres commettent dans cette education, attirent sur eux de si grans maux; si, dans le sentiment de tous les saints Peres & de tous les saints Docteurs, toutes les imperfections & tous les crimes que les enfans auront contractez par leur negligence leur seront attribuez ; & si leurs peines augmenteront à proportion que ces mesmes imperfections & ces mesmes crimes se multiplieront dans leurs descendans : quelle gloire pensez-vous que Dieu prepare pour couronner les travaux & les soins d'un pere & d'une mere qui n'ont point eu d'autre ambition que d'imprimer fortement dans le cœur de leurs enfans de la crainte pour sa divine justice, & de la reconnoissance pour toutes ses misericordes?

Mais quelques interessez que soient les peres dans l'education de leurs enfans, soit dans la juste apprehension des peines qui leur sont preparées s'ils y manquent, soit dans l'attente des consolations temporelles & eternelles qu'ils en doivent esperer s'ils y réüssissent, elle est encore de plus grande consequence aux meres, & pour mieux dire, elle leur est de la derniere necessité.

Ie ne m'arreste point sur ce que leur sexe estant moins propre pour le commandement, & se trouvant sujet à de plus grandes infirmitez dans la vieillesse, elles doivent avoir un plus grand soin de leur inspirer dés leur plus tendre enfance du respect & de la reconnoissance. Ie ne considere que leur interest spirituel : & je dis que les moyens qu'une mere a de se sanctifier se reduisent presque tous à la seule education chrestienne de ses enfans.

C'est S. Paul qui nous apprend cette verité, lors qu'aprés avoir parlé de la modestie que les femmes chrestiennes doivent garder en leurs habits, & de la retenuë qu'elles doivēt observer dans leurs paroles particulierement dans les assemblées à l'égard des points de doctrine, & de l'interpretation des saintes Ecritures ; *Elles seront sauvées*, dit ce grand Apostre, *par le moyen des enfans qu'elles auront mis au monde, & qu'elles auront eu soin d'élever chrestiennement, s'ils perseverent dans la Foy, dans la charité &*

dans l'innocence.

Comme fi S. Paul difoit aux femmes chreftiennes, ainfi que " l'explique S. Chryfoftome: Mes " fœurs ne vous ingerez point de " procurer la gloire de Dieu & le fa- " lut du prochain par des inftructiõs " publiques. Vne femme s'eft mélée " une feule fois d'enfeigner, & elle a " perdu tout le monde. Ne vous af- " fligez pourtant pas de ce malheur, " & ne laiffez pas abattre voftre " cœur à ce reproche. Dieu vous a " donné un moyen de reparer cette " injure que vous avez toutes re- " ceüe en la perfonne de la premie- " re femme; & il vous prefente une " autre occafion de vous fauver, fça- " voir l'education de vos enfans, que " vous devez confiderer comme au- " tant d'aydes qu'il vous donne pour " arriver à la gloire. Oüy Eve feule " ne fera pas fauvée par le moyen de " fes enfans, mais toutes celles de

son sexe ne gagneront le ciel que "
par le soin qu'elles auront eu d'é- "
lever ceux que Dieu leur aura "
donnez, dans la foy, dans la charité "
& dans l'innocence. "

C'est dans ce sentiment que le mesme Apostre veut que la premiere chose qu'on examine dans les veuves, que l'on choisit pour le ministere de l'Eglise, soit *de quelle maniere elles ont élevé leurs enfans*: Comme si le plus fort argument de la sainteté d'une mere estoit celle de ses enfans, & qu'il ne fallust point chercher d'autre preuve de sa fidelité envers Dieu, & de son zele pour le bien de l'Eglise, que sa fidelité & son zele à faire que la conduite & la vie de ses enfans soit pieuse & chrestienne.

Le fondement de tout cecy est que les enfans dans leur bas âge sont bien plus souvent avec les meres qu'avec les peres; & que les peres ont droit de s'en remettre sur elles jusques à l'adolescence. Et ainsi ce sont elles qui doivent veiller particulierement sur eux dans leur enfance, & à qui Dieu demandera un compte plus exact de ces années les plus importantes de la vie. Comme les enfans ont presque toûjours leurs meres devant les yeux, ne doit-on pas presumer qu'ils ne font rien que ce qu'ils leur ont veu faire, qu'ils sont entrez dans tous leurs sentimens, & pour me servir des termes de S. " Chrysostome que c'est comme " par necessité qu'ils leurs sont de- " venus semblables?

Et puisque d'un autre costé rien n'a pu estre caché aux meres des plus secretes inclinations de leurs enfans; qu'elles ont esté témoins de tous leurs cris, de tous leurs jeux, & de tous leurs mouvemens: ne peut-on pas sans injustice leur attribüer

attribüer tous les malheureux effets qui ont suivi les passions qu'elles ont laissé croistre dans leurs cœurs ; & ne sont-elles pas cause des crimes qu'elles ne les ont point empesché de commettre, en ne s'opposant point aux mauvaises habitudes qu'ils ont contractées sous leur aveu.

CHAPITRE IV.

Sur quoy particulierement est appuyée l'obligation que les peres & les meres ont de travailler à l'education chrestienne de leurs enfans.

Tout ce que nous avons dit iusques icy fait assez voir l'obligation que les peres & les meres ont de travailler avec soin à donner à leurs enfans une education toute chrestienne ; puisque nous avons montré que cette education est un des principaux devoirs des personnes engagées dans le mariage, & que leur salut & principalement celuy des meres dépend de la fidelité avec laquelle elles s'y appliquent. Mais parceque les peres & les meres ne sçauroiët estre trop convaincus de cette verité, il faut, ma Sœur, achever de l'établir icy en montrant que c'est ce que Dieu exige particulierement des peres & des meres.

Il ne faut, pour en estre persüadé, que considerer d'un costé la soûmission & la dépendance aux volontez des peres & des meres, dans laquelle Dieu veut que les enfans vivent ; les sentimens d'amour & de reconnoissance qu'il leur commande d'avoir pour eux, & les récompenses qu'il leur promet afin de les engager à les honorer : & de l'autre cofté l'autorité qu'il donne aux peres & aux meres fur leurs enfans, & la rigueur avec laquelle il vange les mépris qu'ils en reçoivent.

Ce n'eftoit pas affez, dit S. Chryfoftome, que Dieu, dans le deffein qu'il avoit de recommander aux peres & aux meres de bien élever leurs enfans, imprimaft dans leur cœur une pente naturelle, qui les attiraft fi puiffamment, qu'ils ne puffent fans fe faire violence ne luy pas obeïr ; il a encor voulu que les enfans euffent beaucoup de refpect pour leurs peres & pour leurs meres, afin de les leur rendre plus chers & plus agréables, & que leur obeïffance & leur amour fuffent comme autant de charmes qui attiraffent les peres & les meres à en avoir beaucoup de foin dans leur enfance.

Et puifqu'aucune chofe ne nous

engage plus fortement à ne rien negliger dans une affaire que la confiance qu'on a en nous, & le pouvoir absolu qu'on nous y donne : Dieu pouvoit-il imposer une plus douce necessité aux peres & aux meres à l'égard de leurs enfans, que de les en rendre les maistres, & en leur en confiant l'education d'imprimer sur leur front l'autorité qui est necessaire pour y reüssir ?

Dieu vangeant si severement les injures que les enfans font à ceux qui les ont mis au monde, & les punissant de mort lorsqu'ils les offensent, ne les solicite-t-il pas, nonseulement à les élever dans la crainte & dans la soûmission qu'ils leur doivent de peur que Dieu ne les leur oste ; mais encore à les nourrir dans le respect & dans la fidelité qu'ils luy doivent, à luy qui est leur veritable pere ? Et quelle confusion sera-ce aux peres & aux meres de voir que Dieu ait eu tant de soin d'empescher que leurs enfans ne les outrageassent, & qu'ils se soient si peu souciez que ces mesmes enfans foulassent aux pieds ses commandemens & ses loix ?

Mais si ce que Dieu a fait en faveur des peres & des meres ne leur permet pas de negliger cette education : ce qu'il a fait pour leurs enfans les oblige indispensablement à y employer toutes leurs veilles & toute leur industrie.

Quoy donc ? Le fils de Dieu se sera anneanti pour leur amour ; il aura travaillé l'espace de plusieurs années, & souffert tant de tourmens afin de les sanctifier : & les peres & les meres ne voudront pas s'abbaisser pour les instruire, ou se faire la moindre violence afin de les former à la vertu ? Celuy qui n'a besoin d'aucune creature s'est fait pauvre, & s'est rendu obeïssant iusques à la mort, afin de leur donner exemple, & de les encourager à mépriser le monde & à travailler pour l'eternité : & ceux qui ne peuvẽt se sauver que par le moyen de leurs enfans ne pensent point à leur montrer le chemin du ciel, ni à les tirer de celuy qui les conduit aux peines éternelles.

Il les a rendus les membres de son corps afin de les rendre participans de sa gloire : & ceux qui ont eu le bonheur de leur procurer ce bien n'aurõt pas le soin de faire en sorte qu'ils ayent toute la santé & toute la proportion necessaire pour croistre en IESVS-CHRIST, qui est leur chef, & recevoir de luy, en luy demeurant unis, l'accroissement qu'il communique, comme dit S. Paul, à toutes ses parties par l'efficace de son influence.

Vous deuez donc, peres & meres, travailler ferieufement à l'education de vos enfans ; parceque Dieu vous le commande ; parcequ'il vous en demandera un cõpte tres-exact ; parceque vous ferez refponfables de toutes les fautes qu'ils commettront par voftre negligence.

Vous le devez ; parceque fi vous les élevez dans la vertu, & que vous vous appliquiez, comme Dieu vous y oblige, à rendre leur education toute chreftienne, vous en recevrez de grandes récompenfes & des loüanges éternelles.

Mais fur tout vous le devez ; parce que par là vous retrancherez, autant qu'il eft en vous, l'origine & la fource de tous les maux qui fe commettent dans le monde, & que vous établirez l'origine & la fource de tous les biens qui s'y font.

Car enfin c'est cette education qui prepare les esprits à recevoir les plus belles lumieres, & qui met dans les ames les premieres dispositions à toutes les vertus. C'est-elle qui répand dans les cœurs la semence des actions les plus heroïques, & qui pose les fondemens de tout ce qui doit paroistre aux yeux de tout le monde dans la suite des siecles. Elle remplit les Cours des Princes de sujets fideles, genereux, & desinteressez ; les Parlemens de magistrats & de juges fermes & inébranlables ; les maisons religieuses de saints & de saintes ; les maisons particulieres de chefs prudens & parfaitement unis dans les liens d'une mutuelle charité, & de serviteurs respectueux & soumis à leurs maistres. C'est-elle qui augmente, & qui fait croistre le corps mystique de Iesvs-Christ, & qui acheve le nombre des éleus & des bienheureux.

Il n'y a auſſy qu'elle qui puiſſe bannir tous les vices qui regnent dans le monde ; parcequ'il n'y a qu'elle qui en puiſſe imprimer de l'horreur & de la crainte. C'eſt-elle ſeule qui peut faire refleurir parmy les chreſtiens l'eſprit de pauureté, en excitant dans les cœurs qu'elle conduit, du mépris pour toutes les creatures. C'eſt par elle ſeule qu'on peut rétablir parmy les chreſtiens l'amour pour les ſouffrances, en éloignant les corps encore tendres de la delicateſſe du ſiecle, & les accoûtumant de bonne heure à ſouffrir ; le reſpect & la ſoumiſſion pour les ſuperieurs temporels & ſpirituels, en leur faiſant pratiquer une parfaite obeïſſance ; la charité & le zele pour le prochain, en leur inſpirant de l'eſtime & de la tendreſſe pour tout le monde. Enfin il n'y a que cette education qui soit capable de changer la face de tout le chriſtianiſme, de produire une heureuſe reforme dans toute l'Egliſe, de conſerver les enfans dans l'innocence & la grace qu'ils ont receüe au bapteſme, & de retracer dans la vie des chreſtiens la belle idée que S. Chryſoſtome nous en a donnée dans le paſſage, que je vous ay rapporté cy-deſſus.

CHAPITRE V.

Dans quels ſentimens il faut travailler à l'education chreſtienne des enfans.

E ne puis mieux ce me ſemble, ma Sœur, vous exprimer les ſentimens dans leſquels vous eſtes obligée de travailler à l'education

chreſtienne de vos enfans, qu'en vous conjurant de les conſiderer comme des biens que Dieu met en depoſt entre vos mains, & qui ne vous appartiennent point dutout.

Vous n'aurez pas de peine à entrer dans ces conſiderations, ſi vous examinez que vous n'avez aucune part à ce qu'il y a de plus conſiderable en leurs perſonnes, c'eſt à dire à leur ame; que vous ne leur communiquez que ce que vous avez reçu de vos anceſtres; & que proprement ils ne tiennent de vous que le peché, lequel par une malheureuſe neceſſité, cauſée par le crime de nos premiers peres, vous n'avez pû vous empeſcher de leur communiquer.

C'eſt pour cela que voſtre premier ſoin, aprés les avoir mis au monde, a eſté de les envoyer à l'Egliſe, afin qu'y eſtant dépoüillez du vieil homme dõt ils avoient esté revestus dans vostre sein, ils reprissent une nouvelle naissance en IESVS-CHRIST dans le sein de l'Eglise; & que cette vie criminelle que vous leur aviez donnée ayant esté comme ensevelie & noyée dans les eaux du baptesme, ils y devinssent les membres du fils de Dieu, ils y fussent animez d'une nouvelle vie & mis au nombre des enfans adoptifs du Pere eternel, pour devenir un jour dans le ciel les coheritiers de son fils bienaimé.

Ce n'est donc pas assez d'avoir dit que vous les deviez regarder comme des biens que Dieu mettoit en depost entre vos mains; puisque ce sont effectivement ses enfans propres qu'il abandonne à vostre soin, que c'est le prix de son sang qu'il vous confie, & qu'il vous offre en leurs personnes plusieurs occasions favorables de faire pa-

DES ENFANS. *Chap. V.* 61
roiſtre le zele & la fidelité que vous avez pour ſes intereſts.

Quelle gloire, ma Sœur, d'eſtre admiſe au meſme miniſtere que les anges ; d'eſtre choiſie pour eſtre la garde viſible des ames que IESVS-CHRIST a racheptées de ſon ſang ; d'eſtre la gouvernante de celles qu'il a deſtinées pour eſtre ſes épouſes, & pour regner éternellement avec luy ?

Vous devez recevoir vos enfans au retour de l'Egliſe avec de grãds ſentimens d'humilité & de reverence : & ſi dans la penſée de S. Chryſoſtome la mere du petit Samüel reſpectoit ce cher enfant à cauſe qu'il eſtoit voüé au ſervice du Temple ; ſi elle le conſideroit comme un vaſe d'or deſtiné à un uſage ſacré, qu'on ne touche qu'avec une ſainte appréhenſion de le profaner ; & ſi au rapport du plus ancien de nos hiſtoriens, le pere

Dans l'homelie qu'il a faite ſur la maniere dõt Anne avoit élevé Samuel.

Euſeb. liv. 6. chap. 2.

d'Origene alloit souvent découvrir le sein de son fils lors qu'il dormoit, & qu'il estoit encore enfant, pour le baiser avec beaucoup de respect & de reverence, comme estant la demeure & le tabernacle du S. Esprit qui y habitoit : Ne devez-vous pas avoir aussi beaucoup de respect pour vos enfans, eux qui comme des vases d'election ont esté remplis de la grace de Iesvs-Christ, & consacrez au culte de Dieu par le baptesme ? Veillez donc soigneusement à leur conservation. Craignez que des mains profanes ne les toûchent. Cherissez-les, nourrissez-les comme les membres de Iesvs-Christ, & soyez persuadée que vostre maison doit estre toute sainte, puisqu'elle renferme ce que l'épouse de Iesvs-Christ, qui est l'Eglise, a de plus cher, je veux dire vos enfans. Ils luy appartiennent puisqu'ils ont esté racheptez par le sang de son époux : & elle ne les remet entre vos mains, que parce qu'elle espere que vous en aurez un soin plus tendre & plus passionné que des étrangers.

La conformité à Iesvs-Christ qu'ils ont reçüe en renaissant dans le sein de l'Eglise n'est que grossiere & imparfaite ; & pour me servir des termes de S. Iacques, ils n'y deviennent *qu'un commencement de la nouvelle creature* : elle les remet donc entre vos mains, afin que vous en fassiez de parfaites copies de Iesvs-Christ, que vous retraciez en eux son image ; & comme dit l'Apostre de luy-mesme, que vous ne refusiez point de souffrir les peines d'un douleureux enfantement, jusqu'à ce que Iesvs-Christ soit formé dans leurs actions, dans leurs inclinations, & dans toute leur personne.

Dans l'Epist. de S. Iacques, chap. 1. v. 18.

Dans l'Epist. aux Galat. ch. 4. v. 19.

Elle les a rendus par la confecration qu'elle en a faitte les temples vivans du S. Efprit, & la demeure animée de la divinité: elle vous les abandonne, afin que vous ayez la gloire d'achever ces édifices fpirituels, & que vous les orniez de toutes les vertus & de tous les enrichiffemens que merite la prefence d'une fi haute Majefté.

Elle ne les a reçus dans fon fein qu'à condition qu'ils feroient la guerre à la chair, au monde, & au demon, qui font fes mortels ennemis: elle vous les prefente, afin que vous les dreffiez au combat, & qu'ils apprennent fous voftre conduite à méprifer toutes les vanitez du fiecle, & à triompher de toutes leurs paffions.

Ce font des ames qu'elle veut faire entrer aux nopces de l'Agneau: elle vous les confie, afin que vous les reveftiez des habits nuptiaux,

Tertull. au livre de la couronne des foldats, & dans fon liv. des fpectacles.
S. Cyp. dans fon Epift. 7.
Optat. Milev. liv. 5. cont. parm.
Salv. liv. 5. de la Provid.
Cyr. Cate. 1.
Amb. au liv. qu'il a fait de la maniere qu'il faut inftruire les

nuptiaux, que vous conserviez leur pureté & leur innocence, que vous ne permettiez pas qu'aucune creature s'empare de leur cœur, ou qu'elle dérobe à ce celeste époux l'affection qu'elles luy doivent. Enfin l'Eglise vous charge de l'education de vos enfans; parcequ'elle n'estime pas qu'aucune autre personne ait plus d'interest que vous de les mettre en estat de conserver les bonnes graces du Souverain de tout le monde.

Cathecu. & au liv. 1. de la satisf. ch. 2.
S. Aug. livre 2. du Symb.

Ne devez-vous donc pas trembler, ma Sœur, dans la veüe d'un employ si haut, si sacré, si difficile? Peut-on faire de petites fautes dans l'administration d'une chose si sainte & si precieuse? Et s'estonnera-t-on que Nostre Seigneur ait voulu élever le mariage à la dignité de Sacrement; puisque les personnes qui y sont engagées ont besoin de graces si puissantes pour

E

pouvoir s'acquitter dignement de la charge qui leur est imposée ?

En son serm. sur le 3. Dimanche de l'Avent.

„ Que feray-je (disoit autrefois S.
„ Bernard considerant qu'il estoit
„ chargé du soin des Ames de ses
„ Religieux) & de quel costé me
„ tourneray-je, malheureux que je
„ suis, si je viens à garder avec negli-
„ gence ce grand tresor qui m'a esté
„ confié, & ce precieux depost que
„ Iesvs-Christ mesme a jugé pré-
„ ferable à son sãg? Si j'avois recueilli
„ le sang de mon Sauveur au pied de
„ sa croix, & que je l'eusse mis dans
„ un vase de terre que je fusse obligé
„ de transporter d'un lieu en un au-
„ tre ; en quelle peine & en quelle
„ frayeur serois-je dans ce danger?
„ Mais celuy où je me trouve n'est
„ guere moins grand. Car l'on m'a
„ confié le soin des ames pour les-
„ quelles ce marchand tres-sage, &
„ qui est la sagesse mesme, a donné
„ tout son sang, & ce tresor est ren-

fermé en des vases de terre expo- «
sez à mille dangers de se briser & «
d'estre mis en pieces. «

Mais pour vous faire comprendre encore davantage la grandeur de ce danger, & la difficulté de cet employ ; vous devez sçavoir que ce n'est pas assez que vous vous appliquiez à l'education de vos enfans par une secrette necessité que la nature forme dans le cœur de toutes les meres, & par les mouvemens puremẽt humains dont elles ne peuvent se défendre. Vous ne feriez, si vous n'agissiez qu'en cette maniere, que ce que les payens & les plus barbares font aussibien que vous, & mesme ce qu'en quelque sorte les animaux les plus farouches font plus fidellement que vous. Mais vous devez y travailler avec des sentimens tout particuliers de pieté, & en faire la principale partie de

E ij

voſtre devotion.

Cependant qui penſe à cela? Combien y en a-t-il qui paſſent pour gens de bien, qui ne ſe ſont peuteſtre jamais aviſez d'offrir à Dieu les ſoins & les veilles qu'ils ſe propoſent d'employer à cette education; qui n'ont jamais imploré ſa grace, ni eu le ſoin de fortifier celle qu'ils ont receüe pour ce ſujet dans le ſacrement du mariage; & qui n'ont jamais proteſté à Dieu qu'ils ne vouloient chercher que ſa gloire & ſes intereſts dans leurs enfans. C'eſt ainſi qu'en ne ſuivant que les mouvemens de la nature qui eſt toute corrompüe par le peché, les peres & les meres, ſans deſſein d'inſpirer le vice à leurs enfans, ne les élevent que ſelon les maximes de la chair & du ſang, qui ſont contraires à celles de l'Evangile, & qui les entraiſnent dans une malheureuſe neceſsité de suivre le monde.

Quand je dis, ma Sœur, que cette negligence des peres & des meres entraisne les enfans à suivre le monde, ne pensez pas que j'entende parler de la societé civile, & que je me plaigne seulement de ce que les peres & les meres ne les élevent pas tous dans le dessein d'en faire des Religieux ou des Religieuses. Ie parle du monde auquel vous les avez fait renoncer vous-mesme en leur faisant recevoir le baptesme ; du monde qui a esté excommunié par la bouche de IESVS-CHRIST ; du monde qui a beaucoup d'amour & beaucoup d'estime pour les biens de la terre, & pour les plaisirs & les commoditez de la vie, & qui n'a que de l'aversion & du mépris pour ce que Dieu aime, & pour ce qu'il commande. *Dans l'Evangile de S. Iean, ch. 15. & chap. 17.*

Ie me plains avec S. Chrysosto-

Hom. 35. sur le ch. 2. de S. Matth.

« me, de ce qu'il y a tant de meres
« si affectionnées pour ce qui regar-
« de le corps de leurs enfans, & si
« indifferentes pour la perfection de
« leurs ames ; de ce qu'elles desirent
« avec tant de passion qu'ils soient
« exempts des incommoditez de
« cette vie ; & qu'elles se soucient si
« peu des tourmens qui les atten-
« dent dans l'autre.

« Ie me plains avec ce grand
« Docteur, de ce que les peres ont
« tant de soin de procurer à leurs
« enfans de grands emplois, & des
« charges honorables, sans penser
« à leur procurer la possession de
« Dieu : de ce qu'ils acheptent à un
« prix excessif ce qui doit causer leur
« perte, sans vouloir recevoir en pur
« don leur salut eternel : de ce qu'ils
« s'affligent, & de ce qu'ils soûpirent
« de voir leurs enfans dans la pau-
« vreté, sans témoigner de la dou-
« leur lors qu'ils commettent quel-

que crime qui les prive des richef- "
fes de la grace. "

Craignez, ma Sœur, craignez de tomber dans cet aveuglement. Et puis qu'il ne vient que du peu d'attention que les peres & les meres font fur l'excellence de leur vocation; confiderez fouvent que vous avez en dépoft ce qu'il y a au monde de plus precieux; que non-feulement tout le monde a efté créé pour cet enfant que vous avez à élever, mais que IESVS-CHRIST mefme s'eft aneanti pour fon amour. Dans cette penfée proteftez que vous ne le voulez aimer, que parce que voftre Sauveur l'a aimé; que vous en voulez prendre un foin tres-exact, parcequ'il luy appartient; & que vous acceptez avec humilité & avec joye toutes les peines que vous aurez à travailler à fa perfection; dans la veüe des fatigues & des

travaux que Iesvs-Christ a soufferts luy-mesme, & du sang qu'il a
versé pour le purifier & pour le
sanctifier.

Proposez-vous d'établir vos enfans comme vostre supplément auprés de Dieu dans la pratique des
vertus que vous avez peuteſtre
negligées. Si Iesvs-Christ a perdu en vous quelques-uns de ses
droits, qu'il les retrouve en leurs
personnes. Si vous ne pouvez avoir
la gloire de la virginité ; ayez du
moins l'avantage d'eſtre mere des
vierges. Si vous n'avez pas aimé
voſtre Dieu de tout voſtre cœur;
faites qu'il soit aimé de tous ceux
qui dépendēt de vous. Que l'innocence & la sainteté de vos enfans
satisfasse à Dieu pour les égaremés
de voſtre vie, & offrez-luy en paye-
mēt de vos infidelitez la soûmission
de leurs ames à ses commandemēs.

Saint Ambroise met tous ces

DES ENFANS. Chap. V. 73
sentimens-là dans la bouche d'une
mere chrestienne qu'il introduit, *Dans l'ex-*
exhortant ses filles à la virgini- *hortat. aux*
té. Vous pouvez, leur dit cette « *Vierges.*
sainte mere, justifier vostre pe- «
re & descharger vostre mere de- «
vant Dieu, en faisant éclatter «
dans vostre conduite les graces «
que nous avons peutestre negli- «
gées, ou dont nous avons fait un «
mauvais usage. La seule chose qui «
puisse nous empescher de nous re- «
pentir de nous estre mariez, est si «
vous tirez quelque profit des tra- «
vaux que nous avons soufferts : & «
je m'estimeray presque aussi heu- «
reuse d'estre mere de vierges, que «
si j'avois gardé moy-mesme la vir- «
ginité. Considerez mes filles quel- «
le a esté celle que le fils de Dieu «
venant au monde pour le rachet- «
ter a choisie pour sa Mere. C'a esté «
une Vierge : & c'est par le moyen «
de cette Vierge qu'il a reparé la «

„ faute de la premiere femme qui a
„ esté sur la terre. C'est ainsi, mes
„ filles, que je souhaite que la pureté
„ de vostre vie repare les défauts de
„ la mienne. Et dans le premier livre
que ce S. Docteur a fait pour l'instruction des Vierges, adressant sa
„ voix aux peres & aux meres : Vous
„ avez entendu, leur dit-il, quelles
„ sont les vertus que vous devez ap-
„ prendre à pratiquer à vos filles, &
„ quelles regles vous devez suivre
„ dans leur education, afin que vous
„ puissiez avoir dãs le merite de leurs
„ actions de quoy rachepter vos pe-
„ chez. Vne Vierge est le don le plus
„ agréable qu'on puisse faire à Dieu,
„ & le present le plus riche que les
„ peres & les meres luy puissent pre-
„ senter : c'est une hostie sainte, dont
„ le sacrifice se renouvellant chaque
„ jour rend Dieu propice envers la
„ mere qui le luy offre.

  Ne vous proposez donc, ma

Sœur, rien de bas ni de mediocre dans l'education de vos enfans, puisque mesme vous y estes si fort interessée, & qu'il n'y a pas jusqu'aux cris & aux larmes de vos enfans dans le berceau qui n'intercedent pour vous auprés de Dieu, & qui ne le prient pour vous, comme le dit S. Hierosme à une Dame Romaine en luy parlant de sa fille.

Vous avez déja veu l'estroite obligation que tous les chrestiens ont de tendre à la plus haute perfection : que toute vostre ambition soit donc d'en faire de grands Saints.

Vos enfans sont comme autant de pierres vives & precieuses dont Dieu a dessein de bastir la celeste Hierusalem : à proportion qu'elles seront plus nettes, qu'elles seront mieux polies, & qu'il y aura plus de travail, elles seront mises dans une place plus éminente, &

dont vous tirerez plus de gloire. Ils sont dãs voſtre maiſon comme des ſtatües d'or : vous les devez donc former & embellir chaque jour, ſi vous voulez qu'elles repreſentent parfaitement leur veritable mode-le qui eſt Iesvs-Christ, & qu'ils en ſoient de veritables copies. Ce ſont des demeures & des taberna-

S. Chryſ.
» cles que Dieu a choiſis : prenez
» donc garde, dit S. Iean Chryſoſto-
» me, que par voſtre faute le temple
» de Dieu ne devienne une retraite
» de larrons, & que Iesvs-Christ
» ne vous faſſe le meſme reproche
» qu'il fit aux Iuifs.

Que ſi vous deſirez ſçavoir ce qui pourroit eſtre la cauſe de ce mal-
» heur : Sçachez, dit ce Pere, que
» les cœurs de vos enfans devien-
» nent des retraites de larrons, lors
» que vous permettez que des deſirs
» bas & ſerviles s'en ſaiſiſſent, & que
» des convoitiſes déreglées s'empa-

rent de leurs ames. Car ce sont ces «
sortes d'affections, qui plus cruel- «
les & plus dangereuses que des «
voleurs, leur ravissent la liberté «
que la grace leur avoit donnée, & «
qui aprés les avoir percez de tou- «
tes parts, & les avoir couverts de «
blessures tres-dangereuses, les re- «
duisent dans l'esclavage des pas- «
sions & des vices.

C'est pour cela, ma Sœur, que je vous conjure de former d'abord la resolution de faire en sorte que vos enfans ne tombent point dans cette malheureuse servitude. Proposez-vous de faire tout vostre possible pour les conserver dans l'innocence & dans la grace qu'ils ont receüe au baptesme. Et puisqu'en les offrant à l'Eglise vous vous estes engagée tacitement à leur faire garder le pacte qu'ils ont fait avec Dieu en recevant ce Sacrement ; ayez toûjours devant les yeux cette obligation que vous avez contractée, & cherchez aux pieds de IESVS-CHRIST dans la priere & dans les livres de pieté les lumieres qui vous sont necessaires pour vous acquitter saintement de l'employ le plus important qui soit au monde.

CHAPITRE VI.

Les idées qu'il faut se proposer d'imiter pour rendre chrestienne l'education des enfans.

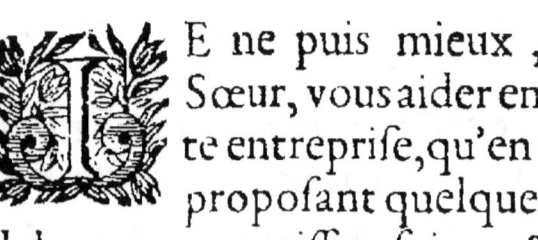E ne puis mieux, ma Sœur, vous aider en cette entreprise, qu'en vous proposant quelque modele que vous puissiez suivre, & sur lequel vous puissiez arrester vos yeux pour vous conduire seurement dans un dessein, où il est dif-

ficile de bien reüssir. Et puisque les peres & les meres dans la production de leurs enfans sont les images de la fecondité de Dieu mesme ; n'est-il pas juste qu'ils se proposent pour premiere idée de l'education de leurs enfans la conduite que ce Pere celeste tient à l'égard de tous les hommes ?

Ie ne m'areste pas sur ce que les soins de son aimable providence ne regardent que les interests de nos ames, & sur ce qu'il ne s'est proposé pour fin dans tous ses ouvrages, que de nous mettre en possession du bonheur eternel; je vous supplie seulement de remarquer quelle a esté sa conduitte à l'égard du peuple Iuif, que tous les peres, aprés S. Paul, considerent dans l'estat de l'enfance & de puerilité à l'égard des chrestiens, que la grace, selon S. Chrysostome, a rendu adultes.

Dās l'epist. aux Gal. ch. 4. v. 3.

Sur l'epist. aux Galat. chap. 4.

Voyez le soin que Dieu a de tirer ce peuple de l'Egypte, de le separer des idolatres, & de luy interdire toute sorte de commerce avec les étrangers, de crainte que leurs mauvais exemples, ou que leurs fausses doctrines ne les corrompent & ne les pervertissent. Il leur donne sa loy & ses commandemens. Il leur inspire une sainte horreur des grandeurs de sa divine Majesté, afin qu'ils craignent de l'offenser. Il chastie rigoureusement leurs moindres infidelitez, & leurs plus petites desobeïssances. Et par le soin qu'il a de leur faire connoistre que c'est luy seul qui leur procure toutes leurs necessitez, qui les protege contre tous leurs ennemis, & qui leur accorde tous les biens qu'ils possedent; il tasche de les faire entrer dans des sentimens d'amour & de reconnoissance pour ses bontez,

dans

dans une humble soûmission aux ordres de sa Providence, & dans une parfaite dépendance de sa divine volonté. Il les instruit mesme des veritez les plus cachées, & de tous les mysteres de IESVS-CHRIST: mais il les en instruit en enfans, c'est à dire en ne leur presentant que des ombres & des figures, & en leur faisant pratiquer d'une façon grossiere & accommodée à leur foiblesse ce que les fideles dans un âge plus avancé, & aprés la venüe de IESVS-CHRIST devoient connoistre & exercer distinctement.

C'est ainsi, ma Sœur, que vous devez préferer ce qui regarde les interests spirituels de vos enfans à tout ce qui ne touche que leurs interests temporels : qu'il faut que dés leurs plus tendres années vous les éloigniez de toutes les compagnies qui pourroient les porter au

F

vice : que vous devez leur inspirer d'abord une grande crainte d'offenser Dieu, & une grande horreur pour le peché ; les accoûtumer à benir & à remercier Dieu de tout ce qu'ils ont, leur faisant connoistre que c'est luy seul qui leur donne toutes choses par vos mains, & qu'il est leur veritable Pere. Mais sur tout il faut que selon leur foiblesse vous leur fassiez connoistre IESVS-CHRIST, & que vous leur en fassiez aimer les maximes, & imiter les actions.

Que si vous desirez que je vous propose l'exemple de quelque mere : jettez la veüe sur l'Eglise qui est nostre commune mere, & dont la conduite envers ses enfans doit vous servir de modéle ; puisque vostre mariage est le sacrement de son alliance avec IESVS-CHRIST.

Considerez, je vous prie, quel soin cette sainte Mere a d'imprimer dans le cœur de ses enfans une forte aversion pour les vanitez du siecle, & un ardent amour pour la croix & pour les souffrances. Ils ne sont presque pas encore nez qu'elle les fait renoncer à toutes les pompes de satan, & qu'elle grave la croix sur les parties de leur corps les plus considerables. Que leur apprend elle aprés, sinon Iesvs-Christ crucifié? Dequoy les entretient-elle, sinon de ses humiliations & de ses aneantissemens? Et que leur represente-t'elle dans ses solemnitez, dans ses ceremonies, dans ses ornemens, & dans tout ce qu'elle offre à leurs yeux, sinon ce que cet aimable Espoux a fait pour leur amour? Elle ne pense qu'à les rendre dignes de l'honneur de ses bonnes graces. Elle ne peut souffrir qu'ils fassent la moindre action qui luy déplaise: & toute son ambition est que tous les chrestiens ne vivent & ne travaillent que pour IESVS-CHRIST.

C'est pour cela qu'encore qu'elle ait pour eux toute la tendresse qu'on peut desirer, elle ne les eleve neanmoins que dans un esprit de penitence, & que les preparant par le jeusne & par les autres mortifications, elles les dispose selon la pensée de Tertullien à souffrir s'il est besoin le martyre. Que si elle les excite à la joye, ce n'est que dans la veüe de la gloire que son Epoux possede, & qu'il leur a meritée.

Voyez le soin que cette charitable mere a de fortifier ses enfans, par la Confirmation, dans la grace & dans la vie qu'ils ont reçuë dans le Baptesme ; comment elle les soûtient & les nourrit du pain de vie par la sainte Eucharistie ; & avec qu'elle severité elle punit la moindre de leurs fautes dans le

DES ENFANS. *Chap. VI.*

sacrement de Penitence. S'ils s'engagent dans quelque ministere qui regarde la religion; elle se sert du sacrement de l'Ordre pour leur donner les moyens de s'en acquitter dignement. S'ils se portent au mariage elle répand dans leurs cœurs par sa benediction les graces qui leur sont necessaires. En un mot elle ne les soûtient, elle ne les entretient, elle ne les nourrit que par IESVS-CHRIST & de IESVS-CHRIST.

Ie sçay, ma Sœur, que tous les enfans ne sont pas capables de ces veritez; mais aussi ie sçay qu'il n'y en a point qui ne puisse estre élevé dans cét esprit. Ie sçay que, comme dit S. Augustin, Nostre Seigneur a choisi en la personne des saints innocens pour témoins de ses grandeurs, des enfans qui ne sçavoient pas mesme parler; & côme dit S. Leon, qu'il nous a ap-

Dans le 3. livre de l'explication du symbole aux Catech. ch. 4.

Dãs le serm. 2. de l'Epiph.

pris par cette conduite qu'il n'y avoit point d'âge incapable des divins mysteres, puisque celui-cy avoit esté propre à la gloire du martyre. Ie sçay que selon le Prophete Roy, il établit son souverain pouvoir par la bouche des enfans & de ceux mesmes qui sont encore à la mamelle pour confondre ses ennemis ; & que lors qu'il reprit ses disciples de ce qu'ils empeschoient d'aprocher de luy ces petits, dont parle l'Evangile, que ces mesmes enfans, que IESVS commáde de laisser approcher de luy, estoient entre les bras de leurs parens, & qu'ils n'avoient pas la force de se soûtenir.

Dans le Ps. 8. v. 3.

Dans saint Matt. chap 19. v. 14.

De sorte qu'il n'y a point de mere qui ne puisse & qui ne doive imiter l'Eglise dans cet ardent desir de consacrer ses enfans à IESVS-CHRIST ; qui ne puisse comme l'Eglise leur faire succer avec le lait l'amour de ses commandemens, & leur inspirer par la modestie dans les vestemens, & par la simplicité qu'elle garde dans les choses qu'elle leur accorde, un genereux mépris pour toutes les vanitez du monde, & une grande estime pour la pauvreté : qu'elles peuvent toutes en ne les élevant pas avec cette delicatesse que l'amour de la chair a inventée, les preparer comme fait l'Eglise à souffrir le jeusne & les autres exercices de la penitence ; & que puisque ce sont elles qui leur apprennent à parler, & qui leur font connoistre les choses qui leur sont necessaires, elles peuvent, comme l'Eglise, leur apprendre aussitost le sacré nom de IESVS, que celuy de leur pere ; & qu'il est bien plus à propos de remplir leur memoire des veritez chrestiennes, quoiqu'ils ne les comprennent pas, que des sottises du monde

S. Augustin livre 6. de ses Confess. chap. 4. l. 8.

qu'ils ne comprennent pas davantage, & qui cauferoient un jour la perte de leurs ames. Donnez, difoit autrefois S. Chryfoftome à tous les fideles, des armes fpirituelles à vos enfans dés leur premiere jeuneffe. Enfeignez leur à former le figne de la Croix fur le front avec la main : & lors qu'ils ne le peuvent faire encore avec la main; imprimez vous-mefmes ce figne fur leur front.

Dans l'hom. 12 fur le ch. 1. aux Cor.

CHAPITRE VII.

Introduction aux Maximes que les chrestiens doivent suivre dans l'education des enfans.

CE n'est pas assez, pour bien reüssir dans un tableau qu'un Peintre ait devant luy un original ; il faut encore qu'il sçache parfaitement les regles de la peinture, & qu'il reduise en pratique, en faisant cette copie, toutes les maximes de son art. Il ne suffit donc pas que vous vous proposiez dans l'education de vos enfans ces excellentes idées, que je viens de vous representer, & que vous estes obligée d'imiter : Vous devez encore connoistre toutes les maximes qu'il faut suivre pour arriver à la perfection de ces divins originaux ; & vous devez sçavoir les regles que l'Esprit de Dieu vous a prescrites, nonseulement dans les saintes Escritures, mais particulierement dans les écrits des Peres de l'Eglise, qui en sont les sacrez interpretes.

Car l'experience ne peut avoir appris aux peres & aux meres à élever leurs enfans. Il arrive assez souvent qu'ils ne se souviennēt pas eux-mesmes de la maniere dont on les a instruits, & qu'ils estoient trop jeunes pour le remarquer dans leurs freres & dans leurs sœurs, qui les ont suivis.

Pour vous faire donc connoistre davantage la necessité que vous avez de ces maximes, & vous découvrir en passant sur quel fondement elles sont établies par les Peres de l'Eglise ; je vous supplie de considerer, qu'encore que les enfans soient sanctifiez dans le baptesme, & qu'ils y soient remplis des graces & des dons du S. Esprit; neanmoins la concupiscence ne leur est pas ostée dans ce Sacrement, & qu'il reste dans leurs cœurs une certaine inclination vers les creatures, qui cause tous les pechez qui se commettent dans le monde, & que l'on attribuë communément à la corruption de la nature.

C'est cette concupiscence qui, dans le sentiment de S. Augustin, fait que les enfans s'attachent à la mamelle de leurs meres avec une avidité si grande, & qu'ils recherchent le sein de leur nourrisse avec des marques si sensibles d'impatience. C'est par elle qu'ils demandent avec tant d'ardeur & avec larmes les choses qui leur sont nuisibles; qu'ils se dépitent, & qu'ils s'aigrissent contre ceux qui ne leur

S. August. dans le 1. liv. de ses Conf. ch. 7.

„ sont point soûmis, contre des per-
„ sonnes libres, & que leur âge avan-
„ cé leur doit rendre venerables,
„ contre leurs peres & leurs meres,
„ & contre tant d'autres qui sont in-
„ comparablemẽt plus sages qu'eux ;
„ & qu'ils s'efforcent mesme autant
„ qu'ils peuvent de les blesser en les
„ frappant, parce qu'ils ne veulent
„ pas faire tout ce qu'ils desirent
„ d'eux, & qu'ils ne leur obeïssent
„ pas aveuglément en des choses qui
„ leur seroient pernicieuses. Et c'est
„ ainsi (poursuit ce Pere) que la foi-
„ blesse du corps est innocente dans
„ les enfans, mais que l'esprit des en-
„ fans ne l'est pas ; & qu'on souffre
„ en eux patiemment beaucoup de
„ choses, non pas à cause qu'elles ne
„ sont point mauvaises, puisqu'on ne
„ les peut souffrir dãs des personnes
„ plus avancées en âge ; mais parce
„ qu'on espere qu'elles s'en iront
„ avec l'enfance.

Vous devez donc, ma Sœur, considerer vos enfans comme tout enclins & tout portez au mal. Et ne doutez point que ces impatiences qu'ils font paroistre, cette obstination à ne vouloir que ce qu'ils veulent, ce dépit, cet amour du jeu, ce dégoust des premieres instructions, cette curiosité, ce desir de vaincre, cette ardeur de commander, cette aversion qu'ils ont pour la priere, cette jalousie qu'ils ont pour les marques d'amitié qu'on donne à leurs freres, cette envie & ce desir qu'ils ont de ravir aux autres tout ce qu'ils tiennent; enfin que l'inclination qu'ils ont au mensonge, & l'estime qu'ils font des choses éclatantes & des ornemens du siecle, ne viennent de la mesme source qui cause les haines, les meurtres, les envies, les jalousies, les recherches & l'amour des biens de la terre & des pompes du siecle, & qui fait tomber ceux qui sont en un âge meur & avancé dans les plus grands desordres.

En effet la grace n'estant donnée à l'homme que pour perfectionner sa nature, l'action de la grace suppose celle de la nature; & il faut que l'homme soit capable de raisonner avant qu'il puisse estre aidé & soûtenu dans son raisonnement. De sorte que la partie superieure de l'ame n'estant pas capable dans les enfans de faire ses fonctions, & le reglement de l'inferieure dépendant de ses ordres & de ses lumieres; celle-cy qui n'a point besoin de secours extraordinaires pour se porter vers son objet, mais qui a une pente naturelle vers les choses agréables, laquelle ne peut estre reglée par la grace qui n'agit point en eux, se saisit du commandement, & donne la liberté à toutes ses passions d'écla-

DES ENFANS. *Chap. VII.* 95
ter & de faire connoiſtre dans toutes les actions des enfans & dans leurs plus foibles mouvemens, l'empire qu'elles ont dans leurs cœurs, & la violence avec laquelle elles les entraiſnent vers les creatures.

Eſt-ce là, s'écrie S. Auguſtin, cette pretendüe innocence des enfans. Il n'y en a point pour eux Seigneur, il n'y en a point, mon Dieu ; & je vous demande pardon encore aujourd'huy d'avoir eſté du nombre de ces innocens. Car c'eſt cette meſme & cette premiere corruption de leur eſprit & de leur cœur, qui paſſe enſuite dans tout le reſte de leur vie. Tels qu'ils ont eſté à l'égard de leurs precepteurs, & de leurs maiſtres, ils le ſont à l'égard des Roys & des Magiſtrats. Aprés avoir commis de petites injuſtices pour avoir des noix, des balles, & des moineaux ; ils en commettent

"Dans le 1. liv. de ſes Confeſſ.

» de grandes pour amasser de l'ar-
» gent, pour acquerir de belles mai-
» sons, & pour avoir un grand nom-
» bre de serviteurs. Leur dérégle-
» ment croist avec l'âge, comme les
» grands supplices que les loix or-
» donnent succedent aux legeres
» peines des enfans. Et ainsi, mon
» Dieu & mon Roy, lorsque vous
» avez dit dans l'Evangile, que le
» royaume du ciel est pour ceux qui
» ressembleront aux enfans, vous
» n'avez pas proposé l'innocence de
» leur esprit pour un modele de ver-
» tu, mais seulement la petitesse de
» leurs corps comme l'image de l'hu-
» milité.

CHAP.

CHAPITRE VIII.

Les Maximes & les Avis qu'il faut suivre pour rendre chrestienne l'education des enfans.

'Est sur ces principes que je viens de rapporter, que sont appuyez tous les avis & toutes les maximes que les Peres de l'Eglise ont données aux peres & aux meres touchant l'education de leurs enfans. Et c'est sans doute pour ce sujet que l'Ecriture sainte leur ordonne d'y employer particulierement une sainte rigueur & une juste severité; parce que leur âge estant susceptible d'apprehension, qui est un mouvement naturel, il n'y a que la crainte qui puisse les retenir dans leur devoir, & les rendre capables de discipline. C'est ce que vous remarquerez dans les Maximes suivantes.

MAXIMES
Tirées de la sainte Escriture.

Dans le ch. 13. v. 24. Salomon dit dans les Proverbes, *que celuy qui ne chastie point son fils le hait veritablement ; & que celuy qui l'aime d'un veritable amour veille sans cesse à son education & ne luy pardonne rien.*

Dans le ch. 22. v. 15. *Que la folie & l'inclination aux choses desordonnées est comme toute recüeillie & toute ramassée dans le cœur d'un enfant, & qu'il n'y a qu'une conduite un peu severe qui l'en puisse chasser.*

Dans le ch. 33. v. 13. *Prenez bien garde,* poursuit ce sage, *de ne laisser pas prendre trop de liberté à vos enfans, & de ne les soustraire point vous-mesme, par une trop grande facilité, à vostre discipli-*

ne : car vostre fils ne mourra pas pour estre un peu châtié. Vous le fraperez avec la verge, & luy donnerez quelques coups ; & vous délivrerez en mesme temps son ame de l'enfer, en l'empeschant par cette severité raisonnable d'y tomber.

La baguette & la correction donnent de la sagesse : au lieu qu'un enfant qu'on abandonne à sa propre volonté ne donne que de la confusion à sa mere. *Aux Prov. ch. 29. v. 15.*

Elevez bien vostre fils, il sera vostre soulagement, & il remplira vostre ame de joye. *Aux Prov. ch. 24. v. 5.*

N'ayez donc point de honte, dit l'Ecclesiastique, de faire paroistre de grands soins, & une forte application pour bien élever vos enfans. *Ch. 42. v. 5.*

Celuy qui aime son fils le chastie à chaque faute qu'il commet, & presque continuellement. *Ch. 30. v. 1.*

En effet de mesme qu'un cheval indompté devient retif & difficile à ma- *Ch. 30. v. 8.*

G ij

nier ; ainsi un enfant qu'on abandonne à luy-mesme devient étourdi & temeraire.

Ch. 30. v. 9. Si vous nourrissez vostre fils avec du lait, qui est le symbole de la douceur, il vous rendra timide, & vous deviendra terrible à vous-mesme. Si vous joüez, & que vous vous rendiez trop familier avec luy, il vous donnera de la tristesse.

Ch. 30. v. 10. Ne riez point, & ne vous divertissez point avec vos enfans, de crainte qu'un jour vous ne vous en repentiez, & qu'à la fin vous ne soyez contraint de donner des marques extraordinaires de la douleur & de la confusion que vous en recevrez.

Dans l'Ecclesiasti. ch. 7. v. 25. 26. Si vous avez des enfans instruisez-les bien ; faites-leur prendre un bon ply durant leur jeunesse. Si vous avez des filles, veillez à la garde de leurs corps, & ne leur montrez jamais un visage trop doux & trop enjoüé.

Vous voyez, ma Sœur, par tous

ces passages, qui sont autant d'oracles du S. Esprit, que les peres & les meres sont obligez d'élever leurs enfans avec une sainte severité, qui les empesche de contracter de mauvaises habitudes, & qui par la crainte des chastimens leur donne de l'horreur & de l'aversion pour l'ombre mesme du moindre vice.

Vous voyez que Dieu leur deffend de se joüer, de se divertir, & de rire avec eux : & que par consequent il leur ordonne de ne paroistre en leur presence que dans une posture qui leur inspire du respect, & qui les entretienne dans la soûmission & l'obeïssance qu'il leur a luy-mesme commandée.

Mais parce que ces Avis sont un peu generaux, & que le nombre des maladies fait multiplier les remedes : les Docteurs de l'Eglise ont traitté de l'education des enfans un peu plus en particulier, & ont tâché de prevenir les autres maux qui viennent du peu de foin ou de la negligence qu'on y apporte.

Maximes
Tirées de S. Iean-Chryfoftome.

Dans l'hom. 9. fur la 1. à Tim. ch. 3.

Saint Iean-Chryfoftome aprés avoir fait recit du malheur d'Heli le grand Preftre dont je vous ay déja parlé, s'addreffant aux peres, leur parle de cette forte. ,, Efcoutez cecy vous autres peres, ,, & élevez vos enfans avec un grand ,, foin en la difcipline & en la cor- ,, rection du Seigneur. Ne fouffrez ,, pas qu'ils faffent jamais de ces ,, actions, qui toutes plaifantes qu'el- ,, les font, ne laiffent pas d'eftre ma- ,, licieufes : & ne leur pardonnez ,, rien fous pretexte de leur enfance. ,, Confervez-les fur-tout dans une

grande retenüe, & dans une gran- «
de sobrieté. Avertissez-les, corri- «
gez-les, intimidez-les, menacez- «
les, & s'il est de besoin faites-leur «
ressentir les effets de ces menaces. «

Vous avez en la personne de vos «
enfans un dépost tres-considera- «
ble & tres-precieux ; gardez-le «
avec beaucoup de soin, & faites «
toutes choses pour empescher «
qu'on ne vous l'enleve. Ne soyez «
pas si déraisonnables que d'avoir «
un plus grand soin de vos posses- «
sions & de vos biens, que de ceux «
pour qui vous amassez toutes ces «
choses. Exercez leurs esprits, lors «
qu'ils sont encore tendres, à la «
vertu & à la pieté ; & puis vous «
penserez à leur procurer les autres «
commoditez de la vie. Voulez- «
vous laisser vostre fils riche ; faites «
qu'il soit vertueux, & qu'il soit cha- «
ritable : car c'est là le moyen par «
lequel il augmentera son patri- «

„ moine ; ou du moins c'est ce qui le
„ rendra aussy content avec un peu
„ de bien, que s'il possedoit toute la
„ terre. Que s'il est vicieux, les gran-
„ des richesses ne serviront qu'à
„ luy fournir dequoy entretenir ses
„ mauvaises habitudes, & à faire
„ qu'il s'abandonne impunément à
„ toutes sortes de débauches.
„ Meres c'est à vous à prendre le
„ soin des filles que vous avez ; & ce-
„ la ne vous est pas difficile. Faites
„ ensorte qu'elles soient continüel-
„ lement dans le logis. Instruisez-les
„ principalement à la pieté, à la de-
„ votion, & au mépris des richesses
„ & de toutes les pompes du siecle.
„ Et parce que si vous les élevez de
„ la sorte elles ne sauveront pas seu-
„ lement leurs ames, mais encore
„ celles de leurs maris & de leurs en-
„ fans ; faites tout ce qui les regarde
„ avec une grande application, com-
„ me travaillant en une seule person-

ne à la gloire & au salut de plu- "
sieurs autres. Car enfin il est à pro- "
pos qu'une fille sorte de la maison "
de ses parens, pour entrer dans "
celle de son mary, parfaitement "
instruite de tout ce qui est neces- "
saire pour le bon gouvernement "
d'une famille : & il faut qu'elle soit "
si accomplie, que de mesme qu'un "
peu de levain communique ses "
qualitez à toute la paste ; ainsi elle "
fasse passer tous ceux qu'elle a à "
conduire en sa propre perfection. "

Que les mœurs de vos garçons "
soient si honnestes, & leur pureté "
si singuliere, qu'ils meritent des "
loüanges & de Dieu & des hom- "
mes. Qu'ils apprennent sous vostre "
discipline l'abstinence, & la so- "
brieté ; à ne point faire de dépen- "
ses superfluës ; à se passer de toute "
la magnificence, qu'on recher- "
che dans les choses d'éclat & d'ap- "
parence ; à faire un legitime em- "

„ ploy de leurs biens ; à vous estre
„ soûmis, & à estre obeïssans à la
„ moindre de vos paroles.

Dans l'ho- „ Iusques à quand ne nous laisse-
melie 21. „ rons-nous conduire que par les
sur l'Epist. „ sentimens de la chair ; & jusques à
aux Ephes. „ quand pencherons-nous vers la
chap. 6. „ terre ? Preferons à tous les autres
„ soins celuy de corriger & d'instrui-
„ re nos enfans dans la crainte du
„ Seigneur. Si vostre fils apprend
„ dés sa plus tendre enfance à vivre
„ chrestiennement, il acquerera des
„ biens beaucoup plus considera-
„ bles, & une gloire beaucoup plus
„ grande, que le monde ne luy en
„ peut procurer. Vous ne gagnerez
„ pas tant en l'instruisant à amasser
„ des richesses exterieures, qu'en luy
„ apprenant à les mépriser : faites-le
„ donc si vous desirez le rendre ri-
„ che ; puisque celuy-là l'est verita-
„ blement, qui n'a besoin de rien.

„ Ne vous travaillez point à le

mettre en estat d'acquerir beau- "
coup de gloire par les belles con- "
noissances & par la science : mais "
faites ensorte que vous luy appre- "
niez à faire tres-peu d'estat de tou- "
te la gloire du monde. Ne cher- "
chez point les moyens de le faire "
vivre long-temps sur la terre ; mais "
ceux qui luy sont necessaires pour "
luy procurer une vie eternelle dans "
la gloire. Ne pensez point à en "
faire un habil-homme ; mais à le "
rendre fidele. Il a besoin pour cela "
de modestie, & non pas d'élo- "
quence ; de bonnes mœurs, & non "
pas de ruse & de finesse ; de bonnes "
actions, & non pas de paroles ; que "
vous purifiiez son ame, & non pas "
que vous aiguisiez sa langue. Ce "
n'est pas que je deffende qu'on "
instruise les enfans ; mais c'est que "
je ne puis souffrir qu'on ne s'atta- "
che qu'à leur apprendre les lettres "
humaines, & qu'ils ignorent ce "

„ qui est necessaire pour leur salut.

„ Mettons nos enfans par nostre
„ conduitte en estat de soûtenir tou-
„ tes sortes d'evenemens, & de ne
„ devenir point insolens dans la
„ prosperité. Si ceux qui font les sta-
„ tuës & les portraits des princes re-
„ çoivent tant de gloire : pourquoy
„ n'attendrions-nous pas de grandes
„ recompenses pour avoir orné l'i-
„ mage du Souverain de tous les
„ Roys, & luy avoir rendu les traits
„ qui en estoient effacez, en faisant
„ que nos enfans soient conformes à
„ Iesvs-Christ, qu'ils soient ver-
„ tueux, qu'ils soient doux & faciles,
„ qu'ils oublient aisément les inju-
„ res, qu'ils ayent beaucoup d'incli-
„ nation à faire du bien à tout le
„ monde, & à traiter tous les autres
„ avec humanité & avec bien-veil-
„ lance, enfin à mépriser toutes les
„ choses qui sont sur la terre, & qui
„ y paroissent à nos yeux ?

DES ENFANS. Chap. VIII.

Voila, ma Sœur, de quelle maniere S. Chryſoſtome a crû que l'on devoit élever les enfans : en quoy il convient parfaitemẽt avec tous les autres Peres de l'Egliſe qui ſont tous d'accord de ces principes, comme j'eſpere de vous le faire voir dans la ſuite. Cependant parce que je m'étendrois un peu trop ; & que cet ouvrage ſe groſſiroit extraordinairement, ſi je voulois vous rapporter les paſſages tous entiers des autres Peres, où ces Maximes nous ſont marquées : permettez-moy de vous en propoſer ſeulement la ſubſtance, & de vous les repreſenter en peu de paroles ſelon que je les ay conçeües.

MAXIMES

Touchant la maniere dont on doit aimer ses enfans.

Ayez, ma Sœur, pour vos enfans un amour tendre, mais pourtant raisonnable, qui ne se laisse pas toucher à leurs larmes dans les choses où il faut faire violence à leurs inclinations.

Comme celles-cy sont toutes corrompües, & qu'elles ne sont point en eux gouvernées par la raison, elles ne leur feront trouver du plaisir & du divertissement que dans les choses qui portent au vice. Vous ne deuez pas pretendre de les en détourner sans qu'ils y repugnent, & sans qu'ils en gemissent. Fortifiez donc vostre cœur contre leurs plaintes & contre leurs larmes: & resolvez-vous à ne point écouter les sentimens de la nature, lors qu'il s'agira de leur faire souffrir quelque peine, ou de les priver de quelque satisfaction, plûtost que d'endurer qu'ils contractent de mauvaises habitudes, & qu'ils deviennent obstinez dans leur propre volonté.

Salvien remarque qu'il n'y a rien qui soit plus dommageable aux peres & aux meres, & qui leur cause plus de déplaisir, que les enfans qu'ils ont trop aimez. Et vous devez, ma Sœur, vous deffendre avec d'autant plus de soin de cette affection déreglée, que nous voyons dans l'Ecriture sainte qu'elle a esté l'origine des plus grands crimes & des plus grands déreglemens des hommes. Car le S. Esprit ne nous y découvre point d'autre source de l'idolâtrie, que *Dans la Sagesse, ch. 4. v. 15.* la passion trop forte que les peres ont eüe pour leurs enfans. Et si celle que la pluspart des peres &

des meres de ce temps ont pour leurs enfans, ne fait pas qu'ils leur dreſſent des autels, ni qu'ils leur offrent des victimes ; elle ne les engage que trop ſouvent à en faire des idoles, auſquelles ils ſacrifient tous leurs ſoins & tout le repos de leur vie.

Aimez donc vos enfans, mais d'un amour ſaint & dégagé des ſens, qui ne s'arreſte point au dehors & à ce qui plaiſt au monde, comme à la beauté, au bel air, à la bonne grace, à la gentilleſſe, à la bonne humeur, & à la vivacité dans les entretiens & les reparties.

Aimez-les d'un amour fort & plein de douceur, qui ſouffre patiemment leurs foibleſſes & leurs infirmitez, leur inapplication aux bonnes choſes que vous leur direz, leurs legeretez, & meſme leurs petites deſobeïſſances, ſans que jamais il s'altere & ſe refroidiſſe ; mais

mais qui au contraire redouble son ardeur, pour ceux, dont les infirmitez du corps ou de l'esprit seront plus grandes. Vne mere, dit S. Bernard, cherit & caresse davantage celuy de ses enfans, qu'elle voit plus infirme.

MAXIMES

Touchant le soin que l'on doit avoir de détacher du monde les enfans, & de leur inspirer des sentimens chrestiens.

REmettez-leur souvent devant les yeux les vœux qu'ils ont faits au baptesme. Faites-les leur comprendre, faites-les leur aimer, & faites-les leur estimer. Qu'ils sçachent que les pompes du diable ausquelles ils ont renoncé, ne sont autre chose, comme l'explique S. Augustin, que les attraits de la volupté, les bals, les come-

Dans le liv. 1. de l'explication du

Symbol. aux Catec. ch.1. dies, & les spectacles ; & selon Tertullien, les devoirs & les honneurs que les gens du siecle se rendent, & exigent mutuellement les uns des autres, les grandes charges & les grands emplois, les jours specialement consacrez au plaisir & à la débauche, les divertissemens populaires, les complots & les desseins formez de voyages & de promenades, les complimens, les flatteries, les cajolleries, & generalement toutes les autres actiós où le monde fait éclatter tant de passion pour l'or & pour l'argent, pour l'ambition, & pour le reste des fausses divinitez.

Les meres ont accoûtumé d'apprendre à leurs enfans à se munir du signe de la sainte croix à la seule prononciation du diable, & elles tâchent ainsy de leur en faire concevoir de l'horreur. Cependant il ne peut rien d'ordinaire sur eux que par le moyen des vanitez du monde, dont il se sert pour les aveugler & pour les surprendre. N'est-il donc pas plus raisonnable qu'elles leur inspirent de l'aversion pour tout ce que le monde estime, & qu'elles les instruisent à trembler au seul nom des divertissemens dangereux, & à la veüe des personnes qui ne se gouvernent que par l'ambition & par la vanité?

Ainsi ménagez adroitement toutes les occasions que Dieu fera naistre pour leur inspirer du mépris pour le monde, & pour les honneurs que l'on recherche sur la terre avec tant d'empressement. Dans les disgraces qui arrivent aux personnes élevées en dignité, & dans la mort des Grands, faites-leur faire reflexion sur la vanité de toutes les grandeurs du siecle, & sur l'avantage qu'il y a de n'estre attaché qu'à Dieu seul. Si quelqu'un d'une pieté & d'une vertu eminente souffre pour avoir pris la deffense de l'innocent, & l'intereſt du public ; relevez devant eux la gloire de ses souffrances, & tâchez de leur faire gouſter le bonheur qu'il y a d'expoſer ſa vie, ſes biens, & ſon repos pour ne rien faire contre Dieu, contre ſa conſcience, & contre ſon Roy.

Servez-vous ainſy de toutes choſes, meſme dans leur plus tendre enfance, pour leur inſpirer des ſentimens chreſtiens. Dans l'affliction qu'ils vous témoigneront de la perte de leurs joüets & d'autres bagatelles, dites-leur, que c'eſt ainſi qu'il ne ſe faut point affectionner à aucune creature, parce qu'elles ſont toutes periſſables.

S'ils ſe plaignent qu'on les a battus, dites-leur : Hé bien ! mon fils, il faut souffrir pour l'amour de Dieu qu'on vous maltraitte ; & alors tâchez de leur faire rendre quelque petit service, ou quelque petite civilité, aux personnes de qui ils pretendent avoir esté maltraitez, ou du moins de leur faire comprendre qu'il ne faut pas s'en vanger. Ne les appaisez point alors comme l'on fait d'ordinaire en disant du mal de ceux qui les ont offensez, ou en les menaçant vousmesme, ou en les excitant à témoigner des sentimens de vengeance & de dépit contre les choses mesme inanimées qui semblent avoir contribué à leur cheute, ou au mal qu'il se sont fait.

Maximes

Touchant la recherche que l'on doit faire des inclinations dominantes dans les enfans.

ETudiez le naturel de vos enfans & leurs inclinations ; & ayant remarqué celle où ils ont le plus de pente, appliquez-vous particulierement à la vaincre si elle est mauvaise, en leur faisant pratiquer peu à peu des actions contraires; & si elle est bonne tâchez de la fortifier de jour en jour par l'exercice de la vertu qu'elle a pour objet.

La connoissance que vous aurez de cette inclination qui domine en eux vous sera fort utile pour leur conduite particuliere. Car il y a de certaines passions qu'il ne faut pas attaquer de front, mais qu'il faut combattre en détournant les objets qui les excitent, & leur en presentant de bons ausquels elles s'appliquent : & il y en a d'autres au contraire qu'il faut, pour ainsi dire, forcer de se produire, afin de se servir des fautes mesmes qu'elles font commettre pour peu qu'elles éclattent, afin d'en donner de l'horreur & de l'aversion à ceux qui en sont animez.

Outre que vous devez particulierement vous proposer, dans la conduite de vos enfans, de suivre Dieu, & de vous conformer autant qu'il sera en vous aux dispositions qu'il mettra dans leurs ames ; afin qu'en vous servant de la connoissance que vous aurez de leurs dispositions, vous les appliquiez aux choses qui leur sont propres, & ausquelles vous jugerez qu'ils se porteront plus librement.

MAXIMES
Touchant l'instruction des enfans.

Proposez-leur de petites récompenses pour les engager à retenir ce que vous leur apprenez; & comme dit S. Ierosme, *Gagnez-les par de petits presens & par les choses qu'ils estiment davantage, comme par des confitures, ou des poupées.*

Dās l'Epist. qu'il a écrite à Leta. touchant la maniere dõt elle devoit instruire sa fille.

» Faites-leur connoistre des enfans
» de leur âge & qui soient bien éle-
» vez, afin qu'ils ayent de l'émula-
» tion pour eux, & que les loüanges
» que vous leur donnerez les exci-
» tent à les imiter.

» Ne les reprenez pas rudement
» s'ils ont l'esprit un peu lent; mais
» animez-les quelquesfois par des
» loüanges; & d'autresfois leur fai-
» sant rendre compte de ce qu'ils
» ont appris devant ceux de leur
» âge, faites ensorte que tantost ils

se réjoüissent de les surmonter, & que tantost ils ayent de la confusion d'en avoir esté vaincus.

Prenez garde sur tout qu'ils ne haïssent les estudes, de crainte qu'en ayant pris aversion dés leur plus tendre enfance, ils ne la conservent dans un âge plus avancé. Tâchez de leur faire aimer ce qu'ils seront contraints d'apprendre & de pratiquer un jour ; afin que ce ne leur soit plus alors un travail, mais un divertissement, & qu'ils ne le fassent point par contrainte, mais par leur propre choix. Il ne faut rien négliger des plus petites choses, lorsque les plus grandes ne peuvent subsister sans elles.

S. Ierosme dans la mesme Epistre.

Faites croistre & nourrissez en eux l'amour du travail en les tenant toûjours occupez. Que le changemēt d'occupation leur serve de divertissement : & que les bonnes lectures succedent à la priere & aux ouvrages. Le temps paroist court quand il est diversifié par de bonnes occupations.

Souvenez-vous qu'il n'y a point de temps à perdre dãs l'instruction des enfans ; & que comme il faut s'appliquer à former leurs mœurs dés leurs plus tendres années, il faut aussy dés leur plus tendre enfance mettre en eux les premieres dispositions aux sciences.

Il est vray qu'a peine pourra-t-on pendant tout ce temps-là leur apprendre ce qu'ils apprendroient en une seule année dans un âge plus avancé. Mais puisqu'il faut necessairement qu'ils s'occupent à quelque chose, mesme en cet âge, on ne peut assurément rien faire de mieux pour faire qu'ils s'occupent utilement depuis qu'ils ont commencé à parler, qu'en faisant qu'ils s'étudient à parler naturellement & en bons termes : & l'on ne doit jamais négliger aucune des choses qui peuvent le moins du monde les avancer, puisqu'ils deviendront mesme par là capables d'apprendre celles qui sont plus importantes dans l'âge, où il leur eust fallu apprendre celles qui le sont moins, s'ils ne les avoient déja apprises. C'est ainsy que s'avançant toûjours peu à peu, les enfans se trouvent capables dans leur jeunesse des plus grandes choses, & que le temps que l'on ménage bien pendant l'enfance contribuë beaucoup à faire qu'on employe plus utilement celuy de la jeunesse qui le suit.

Il ne faut pas pourtant les presser trop : mais il faut s'accommoder à leurs forces & à la portée de leur esprit. Les études ont pour ainsy dire leur enfance aussibien qne l'homme. Et comme les corps les plus robustes ont commencé à estre nourris de lait, & à estre mis dans le berceau ; ainſy les hommes les plus éloquens ont pouſſé des cris comme les autres, & ont eu d'abord comme eux de la peine à parler & à former les lettres.

Philippe de Macedoine n'euſt point choiſi Ariſtote, qui eſtoit le plus grand philoſophe de ſon ſiecle ; pour apprendre à Alexandre les commencemens des lettres humaines ; & ce philoſophe luy-meſme n'euſt point pris cet employ, s'ils n'euſſent eſté l'un & l'autre perſuadez qu'il falloit recevoir les premieres teintures des études des gens les plus habiles.

Ménagez donc, ma Sœur, ſi adroitement les premieres années de vos enfans, que tout ſerve à les rendre & plus ſçavãs & plus pieux. Faites-leur apprendre à lire dans des livres, où la pureté du langage & le choix des bonnes choſes ſe rencontrent. S. Augustin remerciant Dieu de ce qu'il luy avoit pardonné les fautes qu'il avoit commises en son enfance en prenant trop de plaisir dans les choses vaines, qu'il avoit apprises en lisant les fables & les fictions poëtiques, dit, qu'encore qu'il fut vray qu'il eust appris plusieurs paroles utiles parmy ces folies, il estoit neanmoins encore plus vray qu'il eust pu aussibien les apprendre en des lectures plus serieuses ; & que mesme d'en user de la sorte ce seroit une voye seure pour bien instruire les enfans. C'est donc, ma Sœur, ce que vous devez pratiquer à l'égard des vostres ; & il faut que les lectures que vous leur ferez faire pour leur apprendre à prononcer distinctement, à observer les points & les virgules, & à discerner un sens parfait d'avec un imparfait, soient plus utiles que curieuses.

« Liv. 1. de les Conf. ch. 15. n. 2.

Quand ils commenceront à écrire ne souffrez point qu'on remplisse les exemples qu'on leur donnera de méchantes façons de parler, & des premieres choses qui tomberont dans l'esprit d'un maistre : mais faites qu'on s'applique à leur donner des vers ou des sentences qui contiennent quelque beau sentiment ou quelque belle regle de la morale chrestienne. On remplira insensiblement par ce moyen leur memoire des plus grandes veritez : & comme elles y auront fait une forte impression dans leur plus tendre enfance, elles se representeront facilement à eux lorsqu'ils seront plus avancez en âge, & capables d'en faire usage.

Vostre principal soin doit estre de cultiver leur memoire, & de leur faire apprendre par cœur le plus de choses que vous pourrez.

DES ENFANS. *Chap. VIII.* 127

En effet comme d'un costé l'esprit des enfans n'est pas alors capable de produire beaucoup de choses de luy-mesme, & que de l'autre ils ont d'ordinaire la memoire fort bonne, il n'y a presque que cette faculté de leur ame que l'on puisse exercer utilement.

Quand ils seront en estat d'aller en classe ou d'avoir un précepteur au logis, choisissez le college le mieux reglé & les Maistres non seulement les plus habiles, mais les plus pieux & les plus sages. Si vous choisissez un cocher, un " *Serm. 59.* valet d'écurie, vous prenez garde, " *sur Saint* disoit autrefois S. Chrysostome, " *Matt.* en parlant aux peres & aux meres, " qu'il ne soit pas sujet au vin, qu'il " ne soit pas voleur, & qu'il sçache " bien penser & bien conduire des " cheuaux. Mais si vous voulez don- " ner à vos enfans un precepteur " pour les former & pour les cõdui- "

„ re, vous ne vous mettez point en
„ peine de ce choix. Le premier qui
„ se presente n'est que trop bon. Et
„ cependant il n'y a point d'employ,
„ ny plus grand ny plus difficile que
„ celuy-là. Car qu'y a-t-il de plus
„ important, que de former l'esprit
„ & le cœur, & de regler toute la
„ conduite d'un jeune homme? On
„ estime un grand Peintre & un
„ grand Sculpteur. Mais qu'est-ce
„ que leur art au prix de l'excellen-
„ ce de celuy qui travaille non sur la
„ toile, ou sur le marbre, mais sur
„ les esprits ? Cependant nous né-
„ gligeons toutes ces choses. Nous
„ ne nous mettons pas en peine de
„ rendre nos enfans chrestiens, mais
„ éloquens. Et ce desir mesme est in-
„ teressé. Car la fin que nous nous
„ proposons, n'est pas simplement
„ qu'ils soient éloquens, mais qu'ils
„ s'enrichissent par leur éloquence.
„ Que s'ils pouvoient devenir riches

sans

sans estre éloquens, nous méprise- "
serions aussibien l'éloquence que "
tout le reste.

MAXIMES

*Touchant les motifs par lesquels il faut
engager les enfans au travail &
à ce que l'on desire d'eux.*

NE leur proposez jamais pour recompense les vains ornemens du monde; & ne vous servez point des choses qui n'ont du prix que dans l'esprit du siecle, afin de leur faire accomplir ce que vous desirez. Ce seroit leur en inspirer de l'amour, & les leur faire estimer comme de vrais biens: au lieu que vous devez vous estudier à leur en donner du mépris. Car quoique tous les biens qui sont sur la terre soient en eux-mesmes des choses indifferentes; vous devez neanmoins les leur proposer comme dangereux, & mesme comme mauuais, en ne leur découvrant que les maux & les desordres qu'ils causent dans ceux qui les possedent.

Dans l'E-pistre à Gaud.
,, Et vous devez, dit S. Hierosme,
,, vous conduire de telle sorte à leur
,, égard, qu'ils pensent que le mon-
,, de a esté toujours dans le misera-
,, ble estat où il est maintenant;
,, qu'ils ignorent ce qui s'est passé
,, d'agreable dans les siecles qui se
,, sont écoulez; qu'ils fuïent les maxi-
,, mes & les coutumes qui sont pre-
,, sentement en usage; & qu'ils aspi-
,, rent aprés les biens qui nous sont
,, promis dans le ciel.

Dãs la mesme Epistre.
Que si vous aimez mieux suivre le sentiment de ceux qui, au rapport de ce mesme Saint, estiment qu'il est plus à propos de rassasier dans l'enfance la soif, que les hommes, mais particulierement les femmes, ont de ces sortes de vanitez, que de l'entretenir & de la

faire croistre en leur refusant les ornemens dont ils voyent les autres chargez : faites du moins, comme ce grand Docteur le conseille à Gaudence, que vos enfans s'apperçoivent qu'on loüe ceux de leur âge, qui n'ont point ces sortes d'ajustemens. Caressez-les vous-mesme en leur presence. Parlez avec éloge de leur modestie & de leur retenüe : & insensiblement tâchez d'inspirer aux vostres du dégoust pour les parures exterieures que le monde estime. Tâchez de leur faire comprendre que vous ne les leur accordez qu'à cause qu'ils sont petits : & dites-leur que s'ils estoient bien raisonnables vous ne leur donneriez pas des choses qui ne sont propres qu'aux enfans. S'il faut chasser de nos cœurs un desir par un autre ; vous guerirez peuteftre celuy qu'ils ont de ces choses d'éclat & d'apparence, en réveillant le desir naturel que tous les enfans ont de se mettre au rang des personnes plus avancées en âge & en jugement.

Evitez neanmoins cette malheureuse conduite, que S. Chrysostome reprend dans les parens de son siecle, & qui n'est que trop commune dans le nostre, selon laquelle les peres & les meres n'excitent leurs enfans à la vertu, à l'estude, & aux autres loüables exercices, que par des considerations humaines & temporelles, & toutes fondées sur l'ambition & sur l'interest.

„ Voyez-vous mon fils, dit un de ces
„ peres mondains, voyez-vous cet
„ homme; il estoit de tres-basse
„ naissance, & avoit plusieurs autres
„ qualitez peu considerables. Ce-
„ pendant parce qu'il estoit élo-
„ quent il a passé par les plus belles
„ charges, & par les plus beaux em-
„ plois; il a amassé des richesses im-

menses, épousé une femme tres-
riche, basti de superbes maisons;
enfin il s'est fait craindre & respecter de tout le monde. Cet autre mon fils, ajoûte ce pere mon-
dain, n'a acquis le credit qu'il a
à la Cour, que parce qu'il sçavoit parfaitement la langue lati-
ne. Et c'est ainsi, poursuit ce grand
Docteur, que nous enchantons les
oreilles de nos enfans, pour intro-
duire dans leurs cœurs les deux
plus violentes passions qui soient
au monde, sçavoir le desir des richesses & celuy de la vaine gloire,
qui corrompent & étouffent dans
leurs ames toutes les semences de
la vertu; qui y font naistre une si
grande quantité de ronces & d'é-
pines, & y répandent tant de sa-
ble & de poussiere, que leur esprit
demeure sterile & incapable de
produire aucun fruit.

C'est de ce desordre dont S.

134 DE L'EDVCATION

Augustin se plaint à Dieu, lorsque faisant reflexion sur la conduite, qu'on avoit tenüe sur luy dans sa jeunesse, & s'élevant vers Dieu, il luy dit : N'ay-je pas sujet, mon Dieu, de déplorer les miseres & les tromperies que j'ay éprouvées en cet âge, puisqu'on ne me proposoit point d'autre regle de bien vivre, que de suivre la conduite & les advertissemens de ceux, qui ne travailloient qu'à m'inspirer le desir & l'ambition de paroistre un jour avec éclat dans le monde, & d'exceller en cet art de l'éloquence qui fait acquerir de l'honneur parmy les hommes, & des richesses fausses & trompeuses.

Liv. 1. de ses Conf. ch. 9. n. 1.

Maximes

Touchant le soin que l'on doit avoir de la santé des Enfans, & de ce qui regarde leurs corps.

NE soyez point si fort attachée à leur procurer toutes les commoditez de la vie. Quand ils vous presseront de leur accorder quelque chose qui ne leur sera pas absolument necessaire; tâchez de leur faire entendre que les chrestiens se doivent passer des choses superflües, pour subvenir aux necessitez du prochain. Dites-leur: Mes enfans cela n'est pas à nous; Dieu ne nous l'a donné que pour en faire des charitez; & nous le déroberions aux pauures, si nous le dépensions en des choses inutiles.

Que s'ils ont quelques infirmitez & quelques maladies; quoique vous n'épargniez rien secrettement pour les soulager & pour les guerir ; tâchez neanmoins de leur faire aimer les souffrances; accoûtumez-les à se plaindre moins qu'ils ne faisoient, & peu à peu inspirez-leur de la constance & de la fermeté.

Reprimez en eux les desirs inconsiderez qui sont ordinaires en cet âge ; & leur apprenez, par exemple, à regler tellement leur soif & leur faim selon les regles de la temperance, qu'ils soient accoûtumez peu à peu à n'avoir pas mesme le desir de faire ce qu'ils sçauront ne pouvoir faire honnestement. Saint Augustin pour marque de la discretion & de la prudence d'une servante extremement âgée, à qui les parens de sainte Monique avoient donné la conduitte de leurs filles, rapporte

Dans le 9. liv. de que hors les heures où elles man-

geoient tres-sobrement à la table « *ses Conf.*
de leur pere, quelque violente soif « *ch. 8. §. 1.*
qu'elles eussent, elle ne leur per- « *& 2.*
mettoit pas seulement de boire de «
l'eau, de crainte qu'elles ne pris- «
sent cette mauvaise coûtume. «

Ce que je vous prie d'observer tres-religieusement, c'est, ma Sœur, d'accompagner toûjours les refus que vous serez contrainte de leur faire, de tant de douceur & de tant de témoignages de bonne volonté, qu'ils leur deviennent supportables. Et en leur donnant les raisons qu'ils sont capables de gouster, & qui ne regardent que leur propre interest, tâchez de les renvoyer plus satisfaits de vostre refus, qu'ils ne l'auroient esté de vostre trop grande facilité.

MAXIMES

Touchant ce qu'il faut particulierement éviter dans les entretiens que l'on a devant les Enfans.

NE souffrez jamais qu'en leur presence on couvre les vices du nom de la vertu : qu'on dise, dit S. Chrysostome, *que c'est estre de bonne humeur, que de ne pas manquer à un spectacle, & de frequenter les bals & les comedies : que c'est estre liberal, que de faire de grandes dépenses ; & que c'est estre courageux, que d'avoir de l'ambition.*

Ne permettez pas qu'on donne le nom de vice aux vertus : qu'on appelle la devotion une bigotterie ; la liberalité une prodigalité ; l'amour pour la retraitte, une humeur farouche ; la crainte d'offenser Dieu, un scrupule & une foiblesse.

Elevez-leur le courage, sans leur donner de l'ambition. Rendez-les hardis, sans les porter à des actions temeraires. Apprenez-leur à estre doux, sans mollesse; constans, sans opiniastreté; graves, sans austerité; affables, sans bassesse; francs, sans niaiserie; prudens, sans fourberie; secrets, sans dissimulation; liberaux, sans prodigalité; bons ménagers, sans avarice; devots & religieux, sans hypocrisie & sans superstition.

Ne leur repetez pas moins souvent, que la bienheureuse mere de S. Louïs, ces paroles : Mes enfans « Dieu sçait combien je vous aime : « mais j'aimerois mieux cent mille « fois vous voir porter en terre que « de vous voir commettre un seul « peché mortel. Peut-estre que vous « serez assez heureuse pour graver profondement dans leur ame ce sentiment, & pour les conferver, comme fit cette Princesse ce grand Roy, dans l'innocence de leur baptesme.

MAXIMES
Touchant les châtimens qu'on exerce à l'égard des Enfans.

IL ne faut point laisser passer de fautes sans les punir : mais il ne faut pas tout punir également. Les taches que la poussiere fait sur un habit se nettoyent plus proprement en le secoüant, qu'en y jettant de l'eau, ou en y appliquant du feu. Il faut appliquer des remedes aux playes selon la force & la nature de la constitution & de la complexion du malade.

Comme il n'y a que l'amour qui doit vous exciter à les châtier ; il seroit à souhaitter qu'ils fussent persüadez que vous n'agissez à leur égard que par ce principe, &

DES ENFANS. *Chap. VIII.* 141
que vous paruſſiez toûjours plûtoſt leur mere que leur maiſtreſſe,
ſelon ces belles paroles de l'auteur
de la lettre à Celancie. Vous devez "
vous conduire, dit cet excellent "
homme, envers tous ceux de voſtre "
maiſon, & les regler de telle ſor- "
te, qu'ils vous conſiderent plûtoſt "
comme leur mere, que non pas "
comme leur maiſtreſſe : & il faut "
que ce ſoit plûtoſt la bonté & la "
douceur que vous leur témoi- "
gnez, que non pas voſtre ri- "
gueur & voſtre ſeverité, qui les "
oblige à vous rendre tout le reſpect "
qu'il vous doivent. "

Sur tout bien loin de les mal-
traitter lorſque vous ſerez en colere; faites en ſorte que vous n'y
entriez jamais contre qui que ce
ſoit en leur preſence; afin qu'ils ne
perdent point la crainte naturelle
qu'ils ont de vous fâcher, & qu'ils
apprehendent toûjours les effets

d'une puissance irritée, dont ils n'auront jamais eu d'experience.

Parce qu'un enfant a de la crainte pour vous, ne le reprenez ni ne le menacez pas en toutes sortes d'occasions; mais seulement dans les choses qui sont absolument vicieuses, ou qui conduisent au peché. Laissez-leur une grande liberté pour les choses indifferentes, & qui passent à mesure qu'ils croissent en âge & en jugement.

Il seroit à souhaitter que des enfans n'eussent jamais oüi parler ni de coups ni de verges ; que le seul desir de vous plaire, ou la seule crainte de vous fâcher, reglassent tous leurs mouvemens ; & que, suivant le conseil d'un grand Evesque, vous les portassiez à vous respecter plùtost par vostre douceur & par vostre bonté, que par une conduite rude & severe.

Pour moy j'estime que la rigueur

que l'Ecriture sainte, en tant de passages que je vous ay citez, ordonne de tenir à l'égard des enfans, s'exerce bien plus parfaitement & mesme selon l'Esprit de Dieu par le refus d'un baiser ou des caresses ordinaires, que par les verges ou les autres mauvais traitemens du corps; & que l'adresse la plus grande des peres & des meres consiste à rendre leurs enfans si jaloux des marques de bonté qu'ils leurs donnent, qu'ils soient tres-affligez au moindre refroidissement qui paroist sur leur visage; qu'ils ne craignent rien davantage, que d'estre privez de leur presence; & que rien ne leur soit plus sensible, que de voir leur pere ou leur mere préferer le service mesme d'un valet dans des rencontres, où ils se disposoient eux-mesmes à leur obeïr.

MAXIMES

Touchant les differens que les Enfans ont d'ordinaire avec les domestiques, & les libertez qu'ils prennent avec eux.

Gardez-vous bien de vous emporter de colere, quand il arrive que les serviteurs font crier vos enfans. Informez-vous doucement du sujet de leurs cris & de leurs larmes; & quand mesme vous reconnoistriez que vos serviteurs seroient coupables, ne les reprenez jamais en leur presence, de crainte qu'ils n'en deviennent insolens, & qu'ils ne prennent delà occasion de vouloir estre absolus en toutes choses, & d'exercer une petite tyrannie sur vos domestiques dans l'asseurance d'estre soûtenus par vous dans leurs propres volontez.

Que si au contraire il échappe à vos serviteurs de dire ou de faire quelque chose de mauvais en presence de vos enfans; quand d'ailleurs ils seroient excusables, ne laissez pas de témoigner d'en estre fâchée, & de les en reprendre fortement devant eux. *L'enfant deviendra plus sage*, dit Salomon, *par le châtiment du coupable & de celuy qui luy donne mauvais exemple.* Aux Prov. ch. 21. v. 11.

Ne les laissez seuls que le moins qu'il se pourra avec les domestiques, & sur tout avec les laquais. Ces personnes, pour s'insinüer & se mettre bien dans l'esprit des enfans, ne leur content ordinairemẽt que des sottises, & ne leur inspirent que l'amour du jeu, du divertissement, & de la vanité; & ne sont capables que de corrompre les meilleurs naturels & les mieux disposez au bien.

S. Ierosme aprés avoir recom-

K.

mandé à une Dame de qualité d'user de grande circonspection dans le choix des filles qu'elle devoit prendre pour accompagner sa fille & pour la servir, luy conseille de ne point souffrir qu'elle fasse avec elles aucune amitié particuliere, mais d'empescher qu'elle ne leur parle en secret, & qu'elles ne fassent entr'elles de petit mysteres de je ne sçay combien de choses.

 Ce grand homme sçavoit le danger qu'il y a de laisser les enfans prendre trop de liberté avec toute sorte de domestiques, & combien il est à craindre que cette familiarité ne vienne enfin à leur faire perdre l'innocence.

MAXIMES
Touchant la liberté qu'il faut donner aux Enfans d'exprimer leurs sentimens & leurs pensées.

CEt avis de S. Paul doit estre bien pesé: *Peres n'irritez point vos enfans par une conduite trop rude & par un traittement trop rigoureux: mais ayez soin de les élever dans la discipline & dans la crainte du Seigneur ; de peur*, ajoûte-t-il en un autre endroit, *qu'ils ne tombent dans un abattement d'esprit & de cœur.* Dans l'epist. aux Ephes. chap. 6. v. 4.
Aux Coloss. ch. 3. v. 2.

C'est comme si l'Apostre disoit: Prenez bien garde de ne reprendre pas continüellement vos enfans, & de ne les pas traitter avec trop de severité dans les moindres choses. Ne les obligez pas vous-mesme par vostre rigueur à blesser le respect qu'ils vous doivent; & en leur commandant des choses trop difficiles ne les contraignez pas à vous desobeïr.

Il faut mesme leur laisser quand ils sont un peu avancez en âge la liberté de vous representer leurs raisons & leurs plaintes, & ne les traitter pas avec dureté, lors qu'ils croyent estre en quelque sorte blessez par la conduite que vous tenez à leur égard.

Imitez la prudence de ce charitable pere, dont il est parlé dans l'Evangile, qui voyant son fils aisné en colere de la maniere dont il avoit receu son cadet, & ayant appris que pour ce sujet il ne vouloit point entrer dans la maison, en sortit luy-mesme pour le prier d'y entrer. Et ce fils luy ayant reproché *qu'il y avoit déja plusieurs années qu'il le servoit sans luy avoir jamais desobei en rien de ce qu'il luy avoit commandé, & que cependant il ne luy avoit jamais donné un chevreau*

S. Luc, ch. 15. v. 29. & 30.

pour faire festin à ses amis ; mais qu'aussitost que cet autre de ses fils qui avoit mangé son bien avec des femmes perduës estoit venu, il avoit tué pour luy le veau gras : ce pere bien loin de s'offenser de ce discours, tâcha au contraire d'adoucir son esprit par des paroles pleines de tendresse & de bonté. *Mon fils*, luy dit-il, *vous estes toûjours avec moy & tout ce que j'ay est à vous. Mais il falloit faire festin & nous réjoüir, parce que vostre frere estoit mort, & il est ressuscité ; il estoit perdu, & il a esté retrouvé.* Voyez comment ce sage pere ne dédaigne point de justifier sa conduite devant son fils, & comment il tâche, par des témoignages de charité & de preference qu'il luy donne, de diminuer le ressentiment & l'indignation qu'il avoit conceüe contre luy & contre son cadet.

Ibid. v. 31, & 32.

Voilà quelle est la conduite que

vous deuez vous propofer, puifque c'eſt celle de Dieu meſme à l'égard de ſes enfans, que IESVS-CHRIST vous a propoſée ſous cette parabole. Ne penſez point, ma Sœur, qu'il ſoit de l'autorité que Dieu a donnée aux peres & aux meres ſur leurs enfans, de ne leur faire executer ce qu'ils deſirent d'eux, que par la voye de la puiſſance & du commandement ; ni que les enfans agiſſent toujours contre le reſpect qu'ils doivent à leurs peres & à leurs meres, lors qu'ils ont de la peine à goûter ou à approuver tout ce qu'ils font ou tout ce qu'ils diſent.

Les enfans doivẽt en beaucoup de rencontres ſoûmettre leurs lumieres à celles de leurs peres & de leurs meres, & preferer leur jugemẽt au leur : mais auſſy il eſt du devoir des peres & des meres de communiquer à leurs enfans ces meſmes lumieres aufquelles ils pretendent qu'ils fe doivent affujettir. Ils doivent les conduire par la verité, & non point par caprice : & ils doivent gagner leurs cœurs par l'amour du bien qu'ils ont defir de leur infpirer, & non pas captiver leur volonté fous le joug d'un commandement plein de menaces & de terreur. Saint Ierofme parlant de la maniere dont on doit élever les enfans, dit qu'il faut ufer " de la feverité avec beaucoup de " prudence ; parce que les perfon- " nes que l'on traitte trop févére- " ment cherchent avec plus d'ar- " deur, que les autres, qui ont plus " de liberté, à fe divertir & à fe con- " foler, par les amufemens du monde, " des traitemens rudes qu'on leur " fait. "

Mais ce n'eft pas affez pour un pere chreftien & pour une mere chreftienne de n'irriter point fes enfans, en tenant sur eux une conduite trop rude & trop sévére dãs les choses indifferentes ou qui ne sont pas absolument criminelles : il faut encore qu'ils soient disposez à supporter patiemment leurs plus grandes desobeïssances, & qu'ils souffrent leurs plus grands outrages, sans se laisser emporter à des ressentimens, qui ne leur seroient pas moins funestes qu'à leurs enfans. Nous avons une preuve bien convainquante de cette verité dãs une histoire épouvantable que S. Augustin a rapportée dans plusieurs de ses ouvrages, & qui ne sçauroit estre trop presente aux peres & aux meres dans les déplaisirs qu'ils reçoivent de leurs enfans.

S: Augustin serm. 31. de diverf. liv. 22. de la Cité de Dieu, ch. 8.

Il y avoit dans la ville de Cesarée en Cappadoce une veufve de qualité, qui avoit dix enfans, sçavoir sept garçons & trois filles.

L'aisné de tous ces enfans perdit tellement le respect qu'il devoit à sa mere, qu'aprés luy auoir dit plusieurs injures il eut la temerité de la frapper. Ses freres & ses sœurs furent témoins de cet outrage, non seulement sans s'y opposer, mais mesme sans dire une seule parole pour la défense de leur mere. Cette pauvre femme ayant le cœur percé de douleur d'une si grande injure, & se laissant aller au ressentiment qu'elle en avoit conçu, prit resolution de donner sa malediction à ce fils malheureux, qui l'avoit si fort outragée.

Elle partit donc du lieu de sa demeure dés la pointe du jour pour aller faire cette imprecation côtre luy sur les fonts sacrez du baptesme. Le Demon se presenta à elle dans son chemin sous la forme du frere de son mary, qui estoit l'oncle de ses enfans, & luy demanda où elle alloit. Elle luy répondit qu'elle alloit dõner sa malediction à son fils-aisné à cause de l'injure insupportable qu'il luy avoit faitte. Alors ce malheureux, à qui il n'estoit pas difficile d'avoir entrée dans le cœur de cette pauvre mere, que l'esprit de vengeance & de colere luy avoit ouvert, luy persuade d'étendre cette malediction sur tous ses autres enfans, puisque leur silence ne les rendoit pas moins criminels que leur aisné.

Cette femme s'estant donc laissée enflammer de colere contre tous ses enfans, par les conseils envenimez de ce tentateur, vient embrasser les fonts baptismaux, épend ses cheveux, découvre son sein, & demande à Dieu en cet estat qu'il la venge de ses enfans d'une telle maniere, qu'ils portent par toute la terre des marques du châtiment qu'il aura pris de l'outrage qu'elle en a receu, & qu'ils puissent jetter par leur exemple la terreur dans les esprits de tous les hommes.

Sa priere fut exaucée si promptement, que son fils aisné fut frappé au mesme instant d'un tremblement horrible dans tous les membres de son corps : & en moins d'une année tous ses autres enfans furent punis du mesme châtiment les uns aprés les autres selon l'ordre de leur naissance.

Alors cette mere infortunée voyant que ses imprecations avoient esté si efficaces, & ne pouvant plus supporter les reproches que sa conscience luy faisoit de son impieté, ni la confusion, qu'elle avoit devant les hommes, de s'estre laissée emporter à un si grand ressentiment, s'étrangla, & finit sa vie malheureuse par une mort encore plus funeste.

S. Augustin à l'occasion d'un de ces enfans, qui se nommoit Paul, & qui avoit esté gueri miraculeusement le jour de Pasques dans une chapelle dediée à S. Estienne, qui estoit dans la grande Eglise d'Hippone, ayant fait lire à son peuple le recit que ce jeune homme avoit fait de cette histoire, ainsi que je viens de la rapporter, & faisant reflexion sur les circonstances dont elle est accompagnée,

Serm. 32. de ses divers sermons.

„ s'écrie : Que les enfans appren-
„ nent de cet exemple à respecter
„ leurs peres & leurs meres ; & que
„ les peres & les meres craignent de
„ se mettre en colere contre leurs
„ enfans. Il est dit dans l'Ecriture
„ sainte que *la benediction d'un pere*
„ *fait l'établissement de la maison de*
„ *ses enfans, & que la malediction*
„ *d'une mere en arrache jusques aux*
„ *fondemens.* C'est ce que nous voyõs
„ accompli dans ces enfans malheu-

reux, qui, estant presentement va- «
gabons par toute la terre, n'ont «
aucun établissement dans leur pro- «
pre patrie ; & qui non seulement «
servent à tous les hommes d'un «
spectacle épouvantable, mais mes- «
me en presentant leur supplice & «
leur misere aux yeux de tous ceux «
qui les regardent, doivent sur «
tout épouvanter les enfans su- «
perbes qui manquent à ce qu'ils «
doivent à ceux qui les ont mis au «
monde. «

Aprenez donc enfans à rendre «
à vos peres & à vos meres, selon le «
commandement qui vous en est «
fait dans l'Ecriture sainte, le res- «
pect & l'honneur qui leur est dû. «
Mais vous autres peres & meres «
souvenez-vous, quand vos enfans «
vous offensent, que vous estes pe- «
res & que vous estes meres. Cette «
mere malheureuse a invoqué Dieu «
contre ses enfans, & elle a esté «

,, exaucée, parce que Dieu est vray-
,, ment juste, & parce qu'elle en
,, avoit esté vrayment offensée. Il
,, est vray qu'il n'y en avoit qu'un
,, d'entr'eux qui l'eust injuriée &
,, frappée, & que les autres n'a-
,, voient fait que garder le silence en
,, cette occasion, ou n'avoient pas
,, dit une parole pour sa défense.
,, Mais enfin Dieu est juste, qui a
,, exaucé sa priere, & qui a écouté
,, les paroles que la douleur luy avoit
,, mises à la bouche. Cependant que
,, dirons-nous de cette pauvre mere?
,, N'a-t'elle pas esté elle-mesme pu-
,, nie de Dieu avec d'autant plus de
,, rigueur, qu'elle en a esté exaucée
,, plus promptement & plus confor-
,, mement à ses desirs.

C'est ainsi, ma Sœur, que ce grand Saint a crû que Dieu avoit permis que cette pauvre mere fit une fin si malheureuse, aprés s'estre abandonnée à la colere contre ses enfans, pour apprendre aux peres & aux meres à ne se laisser pas emporter facilement aux plus justes ressentimens; à ne donner pas aisément leur malediction à leurs enfans, quelque juste sujet qu'ils croyent en avoir ; & à n'implorer jamais le secours de Dieu contr'eux dans la violence de leur colere ; de crainte que Dieu venant à exaucer les prieres que la douleur arrache de leur cœur, & à leur accorder les choses que la passion seule leur inspire de luy demander, la vengeance, qu'ils l'excitent à prendre de leurs enfans, ne retombe sur eux-mesmes, & ne les porte dans le desespoir, lorsque la chaleur estant passée, & les sentimens de la nature ayant repris le dessus, ils se verront la cause de la misere & de l'accablement où leurs enfans seront reduits.

Et cette reflexion doit faire d'autant plus d'impreſſion dans l'eſ-prit des peres & des meres, que cette pauvre mere, dont nous venons de parler, ſera damnée pendant toute l'éternité pour s'eſtre laiſſée emporter à cet excés de vengeance contre ſes enfans : au lieu que ces meſmes enfans n'ont eſté punis pour la faute qu'ils ont faite contre-elle que pendant cette vie ; & que Dieu a fait miſericorde à la pluſpart d'entr'eux, qui ont eſté gueris miraculeuſement par les merites des ſaints Martyrs auſquels ils ont eu recours dans leur affliction, comme les deux qui furent gueris à Hippone par l'interceſſion de S. Eſtienne, & un autre qui fut guery à Ravenne par celle de S. Laurent.

MAXIMES

Touchant l'égalité qu'il faut garder entre les Enfans.

SI Dieu vous donne beaucoup d'enfans, ayez soin de les élever dans une grande amitié les uns pour les autres ; que les cadets respectent leurs aisnez ; que les aisnez condescendent aux plus petits comme aux moins raisonnables : & faites paroistre pour tous une si grande égalité dans les marques d'amour & de tendresse que vous leur donnerez, qu'ils n'ayent jamais de jalousie l'un contre l'autre. La seule robbe en broderie que Iacob donna à Ioseph, fut cause de la hayne que ses freres conçeurent contre luy, & qu'ils formérent le dessein de luy oster la vie.

Sur quoy S. Ambroise fait cette belle reflexion. Il arrive fort sou-

,, vent que l'affection des peres &
,, des meres est nuisible à leurs en-
,, fans quand elle ne demeure pas
,, dans les bornes d'une juste mode-
,, ration : & cela arrive, ou lors que
,, par une trop grande bonté ils leurs
,, pardonnent leurs fautes, ou que
,, témoignant plus d'affection aux
,, uns qu'aux autres, ils esteignent
,, par cette préference l'amour fra-
,, ternel qui les doit tenir unis. Le
,, plus grand avantage qu'un pere
,, puisse procurer à un de ses enfans,
,, c'est de luy laisser l'amour de ses
,, freres. Comme les peres & les me-
,, res ne sçauroient exercer une plus
,, glorieuse liberalité envers leurs en-
,, fans; aussy les enfans ne sçauroient
,, recevoir de leurs peres & de leurs
,, meres un partage plus riche que
,, celuy-là. Il est juste que la nature
,, les rendant égaux, la faveur de
,, ceux qui leur ont donné la naissan-
,, ce les tienne dans une parfaite éga-

DES ENFANS. *Chap. VIII.* 163
lité. La pieté ne permet pas de «
croire que l'argent faſſe l'avantage «
d'un enfant; puiſque c'eſt cela meſ- «
me qui ruine la pieté. Pourquoy «
donc vous eſtonnerez-vous enco- «
re s'il s'allume tant de differens «
parmy les freres à l'occaſion d'une «
terre ou d'une maiſon; puiſqu'une «
ſeule robbe alluma tant d'envie «
entre les enfans de Iacob?
«

Mais quoy, ajoûte ce S. Docteur, «
blâmerons-nous ce Patriarche de «
ce qu'il préferoit un de ſes fils à «
tous les autres? Pouvons-nous «
oſter aux peres & aux meres la li- «
berté d'aimer davātage ceux qu'ils «
croyent meriter mieux leur affe- «
ction? & eſt-il juſte d'oſter aux en- «
fans l'émulation & le deſir de plai- «
re davantage à ceux de qui ils tien- «
nent la naiſſance? Enfin Iacob ai- «
moit davantage Ioſeph que tous «
ſes freres, parce qu'il prévoyoit «
que cet enfant ſeroit un jour plus «

L. ij

,, vertueux que les autres, & qu'il en
,, découvroit déja en sa personne
,, des marques plus visibles & plus
,, éclattantes.

Ces dernieres paroles de S. Ambroises contiennent de tres-importantes instructions pour les peres & les meres. Car encore qu'ils soient obligez d'avoir une charité égale pour tous leurs enfans, il est pourtant bien difficile qu'ils ne ressentent quelquesfois en eux-mesmes plus de tendresse pour les uns que pour les autres ; & mesme il y a des occasions, où ils sont obligez d'en faire paroistre davantage.

Toute la difficulté donc consiste à sçavoir regler & distribuer les témoignages qu'ils leur en donnent selon les regles de la charité chrêtienne, & selon les lumieres de la Foy. Elle consiste à ne préferer pas ceux qui sont d'une humeur plus

DES ENFANS. *Chap. VIII.* 165
flatteuse & plus enjoüée, mais aussi plus libre & plus portée au mal, à ceux qui font paroistre plus de froideur, mais aussy plus de retenüe & plus de modestie ; à ne caresser pas davantage ceux que l'on destine au monde, que ceux que l'on consacre à la religion ; à éviter le desordre qu'un grand Evesque de nostre France a repris avec tant de zele dans une lettre qu'il adresse à toute l'Eglise de son siecle, où il reproche aux peres & aux meres l'injustice avec laquelle ils faisoient de plus grands avantages à ceux de leurs enfans qui suivoient le siecle, qu'à ceux qui faisoient profession d'une vie sainte & religieuse.

Qu'y a-t-il de plus juste & de « plus raisonnable, dit ce Saint, que « *Salvien.* la volonté des peres & des meres « s'accorde avec celle de IESVS- « CHRIST ; qu'ils preferent dans la «

L iij

„ distribution de leurs biens & de
„ leurs charges ceux que Dieu a
„ preferez par le choix qu'il en a
„ fait pour les attacher à son ser-
„ vice ? Heureux celuy qui aime
„ ses enfans par le mouvement de
„ l'amour divin; qui regle la charité
„ qu'il leur porte, parce qu'il doit à
„ Iesvs-Christ; qui dans les liens
„ de la nature qui l'attachent à ses
„ enfans, regarde Dieu comme leur
„ pere ; qui faisant des sacrifices à
„ Dieu de ce que son amour l'oblige
„ de donner à ses enfans, en tire
„ ponr luy-mesme un gain & un
„ bonheur eternel ; & qui prestant à
„ Dieu, pour ainsi dire, ce qu'il
„ distribüe à ses enfans, se procure
„ à luy-mesme une recompense eter-
„ nelle en leur procurant des com-
„ moditez temporelles & passageres.
„   Mais maintenant, ajoûte ce
„ saint Evesque, les peres & les me-
„ res suivent des maximes bien dif-

ferentes de celles-cy, & bien éloi- "
gnées de la pieté qui y éclatte. Ils "
ne laissent jamais moins de bien "
qu'à ceux de leurs enfans à qui ils "
en devroient donner davantage "
en veüe de celuy au service duquel "
ils sont engagez : & ceux de leur "
famille dont ils font moins d'estat, "
sont ceux que l'esprit de la religion "
leur devroit faire considerer davã- "
tage. Enfin s'ils offrẽt à Dieu quel- "
ques-uns de leurs enfans, ils leur "
préferent leurs autres freres. Ils "
jugent indignes de leur succession "
ceux qui ont esté trouvez dignes "
d'estre consacrez aux autels. Et "
l'on peut dire que leurs enfans ne "
leur deviennent méprisables, que "
parce qu'ils ont commencé à estre "
precieux devant Dieu. "

 Ce desordre n'est que trop commun dans le siecle où nous sommes, auquel les peres & les meres ne se contentent pas de destiner à l'Eglise ou à la Religion ceux de leurs enfans qui ont de moindres qualitez, mais mesme negligent davantage leur education, & cherchent tous les moyens imaginables pour les priver de leurs successions. On tâche par toutes sortes de voyes de leur faire tomber quelque benefice entre les mains ; & qnand ils en sont une fois pourveus, on substituë le bien de l'Eglise & le patrimoine de IESVS-CHRIST en la place de celuy qui leur estoit deu par la naissance. On veut qu'ils renoncent à toutes les justes pretentions qu'ils ont par les loix naturelles & civiles ; parce qu'on les rend dépositaires d'un bien qui a esté destiné par la pieté des fideles à la subsistance des pauvres : & on les dépouïlle de celuy qui leur appartient legitimement, sous pretexte qu'on leur en a procuré un qu'ils ne peuvent selon les canons & les regles de l'Eglise appliquer mesme à leurs propres besoins ; parce qu'il n'est pas obtenu par les voyes prescrites par ces mesmes canons & ces mesmes regles de l'Eglise. Comme si, dit Salvien, les peres & les meres ne devoient pas plûtost s'attacher à laisser du bien à ceux de leurs enfans qu'ils sçavent estre capables d'en faire un meilleur usage ; & s'ils ne devoient pas préferer ceux qui n'employeront leur bien qu'en des œuvres de charité, à ceux qui les dissiperont assurément en des dépenses vaines & superfluës.

Il y a un autre desordre qui s'est glissé parmy les fidelles, & qui ne blesse pas moins l'égalité que les peres & les meres doivent à leurs enfans, qui est de ne penser qu'à l'establissement de ceux, qui par le rang de leur naissance, ou par les qualitez de leur personne, leur plaisent davantage. On craint qu'en partageant ses biens également entre tous ses enfans, on ne puisse relever comme on voudroit l'éclat & la gloire de sa famille. L'aisné ne pourroit pas posseder ny soustenir les charges & les emplois qu'on s'efforce de luy procurer, si ses freres & ses sœurs avoient les mesmes avantages que luy. Il faut donc les mettre en estat de ne luy pouvoir disputer ce droit. Il faut les envoyer dans des cloistres malgré eux, & les sacrifier de bonne heure aux interests de celuy qu'on destine au monde & à la vanité.

Vous ne sçauriez, ma Sœur, éviter avec trop de soin tous ces desordres, qui sont contraires à la charité & à la justice que vous devez à vos enfans. Tâchez donc de garder entr'eux une parfaite égalité. Mais si vous avez quelque marque de tendresse & de préference à donner à quelqu'un d'eux, que ce soit à ceux qui sont plus obeïssans, & qui se portent avec plus d'ardeur au bien & à la vertu; afin que cela donne de l'émulation aux autres, & que croissans tous également dans la crainte de Dieu & dans la poursuite de la vertu, ils meritent tous de semblables témoignages de bonté & d'amour.

MAXIMES
Touchant le coucher des Enfans.

PRenez garde non seulement pour vos garçons, mais mesme pour vos filles, qu'ils ne dorment que seuls le plus qu'il se pourra, ou avec des personnes en qui vous puissiez avoir autant de juste cõfiance qu'en vous-mesme. C'est un avis que Saint François de Sales a donné à Madame de Chantal, *Dãs le liv. 2.* en luy prescrivant des regles pour *de ses Epist. Ep. 1.*

l'education de ses enfans. Et cet homme de Dieu pour luy en faire comprendre l'utilité dit, *que l'experience le luy rendoit tous les jours de plus en plus recommandable.*

En effet parce que les parens negligent ce conseil, il n'arrive pas seulement que de deux enfans, qui sont dans un mesme lit, il y en a un que Dieu tire de la masse de la corruption, & un autre que par un juste jugement il laisse & abandonne à ses déreglemens ; mais mesme que tous les deux perissent miserablement aprés avoir perdu l'innocence qu'ils ont receuë dans le baptesme.

MAXIMES
Touchant les complaisances que les peres & les meres ont pour leurs Enfans.

N'Approuvez jamais celles de leurs actions, où d'une part il y a de l'esprit & de l'autre de la malice, de crainte qu'attribüant en eux-mesmes la loüange que vous donnerez, ou le plaisir que vous aurez pris à toute leur action, ils ne s'acoûtument à la pratiquer, & qu'ainsi ils ne s'habituent pour vous plaire à faire de petits mensonges, ou à dresser quelques petites parties contre leurs freres ou contre les domestiques.

Soyez mesme fort retenüe dans les loüanges que vous donnerez à celles qui sont toutes spirituelles; & craignez qu'en rapportant en leur presence tout ce qu'il font de joly, & ne vous entretenant que d'eux ou qu'avec eux, ils ne deviennent superbes, & que s'en faisant acroire ils ne soient insuportables à tout le monde.

MAXIMES
Touchant les jeux & les recréations des Enfans.

PErmettez-leur les divertissemens honnestes & qui ne sont pas dangereux, mais modérement; de crainte que si vous les teniez trop long-temps occupez dans des exercices serieux, ils ne s'en dégoûtassent; & qu'au contraire ils ne devinssent faineans, si vous les souffriez dans un jeu continüel.

Ce seroit un grand bien de faire en sorte que leurs recréations contribuassent mesme à exercer leur jugement & leur memoire; que selon le conseil de tous les Peres de l'Eglise, on leur apprist à chanter des Pseaumes & des Hymnes, afin d'éclairer leurs esprits en leur formant la voix, & de délier leur langue en prononçant les loüanges de la divinité ; &, comme dit S. Ierosme, qu'ils n'eussent point de jeux qui ne leur fussent une étude.

C'est ainsy que ce grand homme conseille à une Dame Romaine de faire faire des caracteres de boüys ou d'ivoire sur chacun desquels on gravast une lettre de l'alphabet, afin d'apprendre à sa fille en se joüant & en les mélant ensemble, à connoistre les lettres, à les joindre, & à en former des syllabes. Et c'est ainsy qu'aprés que les enfans sçavent lire, on peut comme par divertissement leur montrer la carte, & à mesure qu'ils croissent leur faire recit des plus beaux endroits de l'histoire sacrée & profane, les obliger à les redire, & à retenir les

genealogies saintes & la succession
„ des Monarques; afin, dit ce Pere,
„ que par des choses mesmes qui
„ leur seront peut-estre inutiles, leur
„ memoire soit disposée à conser-
„ ver celles qu'ils seront obligez de
„ sçavoir.

Il sera mesme fort à propos de les faire joüer quelquesfois devant vous, & de les laisser se divertir en vostre presence, parce que les inclinations des enfans se découvrent plus facilement dans le jeu. En effet comme ils sont alors moins sur leurs gardes, & que la joye remplit leurs cœurs, leurs autres passions sont plus libres à se produire, & ils sont bientost éclatter l'attachement qu'ils ont au gain, le desir qu'ils ont de vaincre les autres, & le dépit qu'ils ont d'en estre vaincus; de sorte que vous pourrez alors manier, pour ainsi dire, ces passions diver-
ses,

fes, & vous servir de leur jeu pour les instruire & leur apprendre à ne s'y appliquer point avec tant de chaleur, à n'avoir point d'ardeur pour le gain, à ne s'emporter point contre les autres quand les choses ne reüscissent pas à leur gré, à ne se point laisser abbattre dans la perte, à y conserver une certaine indifference necessaire pour y pratiquer la justice & la fidelité, & à éviter les tricheries & les petites infidelitez qui sont tres-ordinaires aux enfans, & qui passent souvent dans les âges plus avancez.

MAXIMES

Touchant les Compagnies qu'il faut permettre aux Enfans.

AYez grand soin que vos enfans ne joüent & ne conversent ordinairement qu'avec des enfans élevez dans la crainte de

Dieu. Iob permettoit que les siens se recréassent, mais c'estoit entre-eux, & sans qu'il y eust des estrangers qui eussent pû les corrompre & les empescher de s'entretenir de la vertu comme ils faisoient au rapport d'Origene & de S. Iean Chrysostome : & ce Pere charitable ne laissoit pas, pendant leurs recréations & leurs divertissemens, d'offrir à Dieu pour eux des prieres & des sacrifices.

Saint Ierosme écrivant à Gaudence, luy donne un avis tres-important, que je vous supplie de bien remarquer, qui est de faire en sorte que vos filles ne joüent & ne se divertissent qu'avec celles de leur sexe, & qu'elles ne recherchent point, ou plûtost qu'elles apprehendent la frequentation des garçons.

Sainte Therese, dont l'esprit estoit parfaitement beau & tout à fait judicieux, faisant reflexion sur les premiers desordres de sa vie les attribuë à la liberté qu'elle avoit euë dans sa plus tendre jeunesse de converser avec quelques-uns de ses cousins germains & une de ses cousines. J'avois, dit cette " grande Sainte, quelques cousins " germains qui venoient souvent en " la maison de mon pere. Il estoit " tres-circonspect à en deffendre " l'entrée à tout autre qu'à eux : & " pleust à Dieu qu'il en eut aussy usé " de la mesme sorte à leur égard ; " car je vois bien maintenant le pe- " ril qu'il y a, lorsqu'on est dans un " âge propre à recevoir les premie- " res semences des vertus, d'avoir " commerce avec des personnes qui " ne connoissent point la vanité du " monde, mais qui au contraire por- " tent les autres à s'y engager. J'es- " tois presque de l'âge de mes cou- " sins. Ils estoient pourtant un peu "

Dans sa vie écrite par elle-mesme, chap. 2.

M ij

„ plus vieux que moy. Nous estions
„ toûjours ensemble. Ils m'aymoient
„ fort tendrement, & je les entrete-
„ nois de toutes les choses qui pou-
„ voient leur estre agréables. Ils me
„ racontoient les succés de leurs af-
„ fections, & des bagatelles qui
„ n'estoient pas trop bonnes à en-
„ tendre. Et ce qui estoit encore
„ pis, c'est que mon ame fut sensible
„ à des impressions qui ont esté la
„ cause de tout son mal. Ha ! si j'a-
„ vois à donner conseil aux peres &
„ aux meres, je leur dirois de pren-
„ dre bien garde aux personnes qui
„ frequentent leurs enfans en cet
„ âge ; parce que la pente de nostre
„ nature corrompüe nous porte plû-
„ tost au mal qu'au bien. J'éprouvay
„ cela en moy-mesme. Car je ne
„ faisois aucun profit de la grande
„ vertu & de l'honnesteté d'une de
„ mes sœurs, qui estoit beaucoup
„ plus âgée que moy ; au lieu que je

retenois tous les mauvais exem- "
ples que me donnoit une parente, "
qui hantoit dans noſtre maiſon. "

Et plus bas, aprés avoir déplo-
ré le mauvais uſage qu'elle fit de
ſa jeuneſſe juſques à l'âge de qua-
torze ans, elle s'écrie. Ie ſuis quel- "
quefois ſaiſie d'étonnemēt, quand "
je conſidere le mal que font les "
mauvaiſes compagnies : & je ne le "
pourrois pas croire, ſi je n'en avois "
fait moy-meſme la funeſte expe- "
rience. C'eſt principalement du- "
rant le temps de la jeuneſſe que ce "
mal eſt plus dangereux, & c'eſt "
auſſy ce qui me fait ſouhaiter que "
les peres & les meres profitaſſent "
de l'exemple de mes fautes, pour "
obvier par leur ſollicitude à de pa- "
reils accidens. Car il n'eſt que trop "
vray que la familiarité que j'eus "
avec cette perſonne me changea "
tellement, qu'elle ne laiſſa dans "
mon ame aucune marque du bon "

,, naturel, ny des vertus qui y eſtoiét
,, auparavant : & il me ſemble qu'el-
,, le, & un autre qui vivoit dans le
,, meſme amuſement, imprimérent
,, dans mon cœur leurs méchantes
,, inclinations.

Vous voyez, ma Sœur, dans l'exemple & dans les paroles de cette grande Sainte, combien vous devez eſtre reſervée dans l'accés que vous donnerez chez vous aux perſonnes meſme, que l'alliance & la proximité du ſang ne vous permet pas d'exclure de voſtre maiſon ; & comme il ne faut jamais ſouffrir que ſous ce pretexte de parenté vos enfans contractent une trop étroitte amitié avec des enfans, qui ne ſont point élevez dans la crainte de Dieu, que vous tâchez d'inſpirer aux voſtres.

Sur tout prenez garde que vos filles ne ſortent point du logis ſans vous ; & il ſeroit à ſouhaiter qu'el-

DES ENFANS. *Chap. VIII.* 183
les n'en fortiffent que pour des chofes abfolument neceffaires. Le feul exemple de Dina, qui pour eftre fortie une feule fois de la maifon de fon pere, afin de connoiftre les filles de la ville de Sichem, fut enlevée, & caufa à Iacob & à tous fes freres une tres-fenfible douleur, fuffit pour vous faire apprehender la fortie de vos filles, & vous faire oppofer au deffein qu'elles pourroient avoir de faire connoiffance avec des eftrangeres, c'eft à dire avec celles dont l'efprit n'eft rempli que de vanité, & qui n'ont pas efté élevées, comme les voftres, felon l'efprit du chriftianifme.

Dans la Gen chap. 34.

M iiij

MAXIMES

Touchant le soin qu'il faut avoir de faire rendre aux Enfans ce qu'ils doivent à leurs Peres.

AYez grand soin particulierement que vos enfans soient fort respectueux à l'endroit de leur pere, qu'ils l'aiment, qu'ils l'honorent, & qu'ils le craignent. Ne leur pardonnez jamais la moindre desobeïssance à ses ordres. Ne souffrez point qu'ils luy parlent autrement qu'avec soûmission & qu'avec respect. *Celuy qui obeït à son pere donne beaucoup de joye & de consolation à sa mere,* dit l'Ecriture.

Ecclef. ch. 3. v. 7.

Saint Paul dit que *les femmes doivent estre soûmises à leurs maris en toutes choses* : & elles le doivent, dit S. Chrysostome, parce que lors qu'ils sont en bonne in-

Aux Ephes. ch. 5. v. 24.

telligence, leurs enfans sont bien é-
levez, leurs domestiques sont bien
instruits, les amis & les voisins en
sont merveilleusement édifiez. En
effet la qualité de chef qui est propre au mary, & qu'il porte mesme
à l'égard de sa femme, fait assez
connoistre que c'est à luy à veiller
sur ses actions, à gouverner par sa
prudence toute la famille, & à
donner ses ordres pour la conduite de tous les membres qui la composent. Et c'est ce que l'illustre
auteur de la lettre à Celancie a tâché particulierement de luy insinüer.

Il faut premierement, dit ce "
grand homme, que l'autorité de- "
meure toute entiere à vostre mary, "
& que toute vostre famille ap- "
prenne par vostre exemple l'hon- "
neur & le respect qu'elle luy doit. "
C'est pourquoy vous devez par "
vostre obeïssance faire connoistre "

,, qu'il est le maistre. Vostre humili-
,, té le doit relever, & vos soûmis-
,, sions le doivent faire respecter de
,, tous les autres; puisque vous serez
,, d'autant plus honorée, que vous
,, luy rendrez plus d'honneur. Car
,, l'homme, selon l'Apostre, est le
,, chef de la femme ; & le corps ne
,, peut jamais paroistre bien orné,
,, que sa teste ne soit parée : ce qui
,, luy fait dire ailleurs, parlant aux
,, femmes, qu'il faut qu'elles soient
,, soûmises à leurs maris pour l'a-
,, mour du Seigneur, ainsy qu'elles y
,, sont obligées ; & au bien-heureux

r. Petr. chap. 3.

,, Apostre S. Pierre : *Femmes soyez*
,, *soûmises à vos maris, afin que s'il y en*
,, *a qui ne croyent pas à la predication*
,, *de la parole ils soient gagnez sans pa-*
,, *role par la bonne vie de leur femme,*
, *considerant la pureté dans laquelle*
,, *vous vivez, & la crainte respectueu-*
,, *se que vous avez pour eux.* Si donc
,, la loy du mariage oblige les fem-

mes à rendre de l'honneur à leurs «
maris, lors mesme qu'ils sont in- «
fidelles, elle les y oblige encore «
plus étroitement, lors qu'ils sont «
chrestiens. Et si cela est veritable, «
ma Sœur, pour les moindres devoirs de la vie civile, il l'est beaucoup plus pour ce qui regarde les enfans. Et par consequent vous devez en ce point, comme en toutes choses, agir le plus qu'il vous sera possible de concert avec vostre mary.

Benissez Nostre Seigneur de ce qu'il vous a donné une personne, qui ne vous obligera jamais de suivre les déreglemens, qui se sont glissez dans le monde ; mais qui au contraire aura soin, selon le conseil de S. Ierosme, de faire en sorte que les vestemens mesme de ses enfans leur fassét connoistre celuy au service duquel ils ont esté engagez par les vœux du baptesme.

DE L'EDVCATION

Dans l'Ep. à Leta.

Que si, au rapport de ce mesme Saint, une Dame de tres-grande naissance a esté reprise avec beaucoup de séverité par un Ange, de ce qu'elle avoit osé, pour ne pas déplaire à son mary, friser les cheveux de sa petite niéce, & l'habiller à la mode: si pour luy avoir fait porter des perles & des diamans selon sa condition, mais non pas selon l'esprit du christianisme, Dieu luy enleva son mary & ses enfans, & fit paroistre par un châtiment si prompt & si extraordinaire, *quelle est*, dit ce grand Docteur, *l'aversion qu'il a pour ceux, qui violent ses temples par des ornemens profanes, & que sa divine Majesté a si fort en horreur:* n'auriez-vous pas sujet de trembler & de craindre les justes jugemens de Dieu, si vous éleviez vos enfans selon l'air du monde contre la volonté de celuy dont vous avez épousé les sentimens en épousant la personne, & si vous surpreniez sa religion & son amitié pour l'obliger à condescendre aux sentimens de vanité que vous desireriez suivre ?

Avis

Touchant le luxe & les ajustemens du siecle.

L'Amour des ajustemens & des ornemens du siecle est en soy " un grand mal, dit S. Iean Chry- " sostome, quand mesme il ne cau- " *Homil. 10.* seroit aucun autre desordre que " *in Epist.* l'attachement à ces vanitez, & " *ad Coloss.* qu'on pourroit s'en servir sans " *ch. 4.* scandale & sans blesser sa con- " science. "

C'est pour cela, ma Sœur, que S. Cyprien, Tertullien, S. Ierosme, & tous les autres Peres de l'Eglise n'ont pû s'empescher de gémir, de se plaindre, & de se laisser aller au zele dõt ils estoient animez, quand ils ont apperceu que les femmes chrestiennes estoient chargées de chaisnes d'or, de perles, & de pierres précieuses ; & qu'au lieu de s'estimer glorieuses d'estre revetuës de IESVS-CHRIST, elles n'avoient de la passion que pour des étoffes d'ignominie, selon le langage de l'Eglise, & des vestemens plus convenables à des courtisannes, qu'à des filles de IESVS-CHRIST, c'est à dire à des filles conceuës dans les larmes & dans les tourmens d'un Dieu crucifié sur le Calvaire.

Cependant ni les menaces épouvantables que Dieu fait par Isaïe aux filles de Ierusalem, pour avoir aimé ces galanteries, ni les châtimens horribles qu'il en a pris, ni la défense que les Apostres en ont faite, ni les cris de toute l'Eglise depuis seize cens ans, n'ont pû arrester ce débordement.

Voicy, dit Isaïe, *ce que dit le Seigneur aux filles de Sion qui font les dames & les princesses. Parce qu'elles ont marché avec pompe, ayant la teste levée, les yeux volages & égarez; qu'elles ont traisné aprés elles ces longues queües de leurs robes; le Seigneur les dépoüillera avec honte de tous ces vains ornemens, & la boüe succedera aux parfums, & les liens de cordes aux ceintures de perles & de diamans.* Isa. ch. 3. v. 16.

Saint Pierre, aprés avoir excité les femmes chrestiennes à gagner leurs maris à JESUS-CHRIST par leur bon exemple & par leur bonne vie, leur recommande sur toutes choses, *qu'elles ne mettent point leur ornement à se parer au dehors par la frisure des cheveux, les enrichissemens d'or, & la beauté des habits: mais à parer l'homme invisible caché dans le cœur par la pureté incorruptible d'un* Dans la 1. Epist. ch. 3. v. 3.

esprit plein de douceur & de paix, ce qui est un riche & magnifique ornement aux yeux de Dieu. Car c'est ainsi, ajoûte-t-il, *que les saintes femmes, qui ont esperé en Dieu, se paroient autrefois, estant soûmises à leurs maris, comme faisoit Sara, qui obeïssoit à Abraham, l'appellant son Seigneur.*

Dans sa I. Epist. à Tim. chap. 2. v. 9. & 10.

Saint Paul leur recommande de mesme d'estre *vestuës comme l'honnesteté le demande, de se parer d'honnesteté, de modestie, & de charité, & non avec des cheveux frisez, ni des ornemens d'or, ni des perles, ni des habits somptueux: mais comme le doivent estre des femmes, qui font profession de pieté, & qui le témoignent par leurs bonnes œuvres.*

„ Gardez-vous bien, disoit autre-
„ fois S. Ierosme écrivant à une Da-
„ me de qualité sur l'education de
„ sa fille, de luy percer les oreilles
„ pour y faire pendre des pierre-
„ ries, & de peindre de blanc & de
rouge

rouge un visage qui a esté consa- «
cré à Iesvs-Christ. Ne luy don- «
nez point aussy de collier de per- «
les; & ne chargez point sa teste de «
pierres précieuses. Faites en sorte, «
par les soins que vous en aurez, «
qu'elle possede les ornemens inte- «
rieurs & les richesses précieuses de «
l'ame, avec lesquelles elle puisse «
achetter le tresor inestimable du «
salut. «

D'où pensez-vous donc, ma Sœur, que vienne ce desordre general, & cette obstination commune de celles de vostre sexe dans une chose qui est la plus opposée au christianisme, sinon de ce que cette contagion se communique aux enfans par le moyen de leurs meres, & aux filles particulierement, que l'experience fait voir estre fort susceptibles des leurs mœurs & des leurs inclinations de leurs meres.

On se plaint de ce qu'en ce siecle des filles de dix ans ont plus d'ambition & de vanité, que d'autres n'en avoient autrefois à trente. On ne peut souffrir qu'elles recherchent d'estre veües, & d'estre cajollées. On s'estonne de l'ardeur avec laquelle elles desirent de se trouver aux bals, aux promenades, & aux conversations. Mais ce seroit une chose bien plus estonnante, si ayant reçeu de leurs peres & de leurs meres toutes les dispositions, qui sont necessaires pour n'aimer que les divertissemens, & pour rechercher les occasions de faire monstre des vanitez & du luxe qu'ils leur permettent, elles cherissoient la retraitte, & si elles apprehendoient de plaire aux yeux des hommes.

Pensez serieusement à ces importantes veritez; & croyez, ma Sœur, qu'il n'y a rien qu'on ne doive faire pour inspirer aux filles

la haine de la vanité & des ajustemens. C'est pourquoy dans les
choses mesme necessaires pour
leur former le corps, faites en sorte que les avis, que vous leur donnerez, ne les portent point insensiblement à s'aimer; & fournissez-
leur d'autres motifs que ceux que
l'amour du monde leur peut inspirer.

Ainsi si vous obligez vos filles à
se tenir droites; dites-leur qu'on
doit avoir soin de conserver sa taille, parce que Dieu nous l'a donnée, & qu'il a voulu que nous eus-
sions toûjours les yeux êlevez vers
luy pour le benir & pour implorer
ses graces; parce que c'est à faire
à ceux qui n'ont de l'amour que
pour les choses d'icy bas à courber
le corps vers la terre; & parce que
IESVS-CHRIST n'a brisé les liens
dont nous estions chargez, qu'afin
que nous marchassions la teste le-

vée vers le ciel. Et ne leur dites pas qu'elles ne peuvent estre estimées, si elles ne sont de bonne grace, & qu'on ne fait point d'estat dans les assemblées de la beauté du visage, quand on a la taille contrefaite.

Si vous les habillez proprement selon vostre condition & selon les regles de l'Evangile ; faites-leur entendre que cette propreté exterieure doit estre la marque de la pureté & de la netteté de leur cœur, & qu'il faut avoir plus de soin de l'ornement de leur ame, que de la parure de leur corps.

Dans l'epist. à Leta.

Si, selon l'avis de S. Ierosme, vous ne permettez pas qu'elles affectent une certaine molesse dans la prononciation de leurs paroles, ou qu'elles se servent de mots impropres & qui ne sont plus en usage, ne leur dites pas, qu'autrement elles seront incapables de recevoir un compliment, ou d'entretenir une compagnie; mais dites-leur qu'elles doivent se mettre par là en estat de faire un jour connoistre aux autres les grandeurs de Dieu, & de les exciter à la vertu.

Qu'elles sçachent que le soin que vous avez de leur apprendre à travailler, ou en tapisserie, ou en broderie, ou en dentelles, ne vient pas du desir que vous ayez qu'elles se parent de leurs ouvrages; mais de la connoissance que vous avez de l'obligation qu'elles ont de faire un bon usage de leur temps, & de la facilité qu'elles auront par ce moyen d'orner les temples, & de secourir le prochain de leurs épargnes.

Enfin instruisez-les à se passer des choses mesmes, qui sont permises, & qui sont innocentes; afin qu'elles n'ayent point d'amour pour celles, qui sont deffendües. Saint Loüis qui estoit un des plus grands Saints & des plus grands Princes du monde, ne souffroit jamais que les Princesses ses filles portassent les Vendredys des guirlandes & des chapeaux de roses & d'autres fleurs, qui estoient les plus riches ornemens de leur siecle, parce que IESVS-CHRIST avoit esté couronné d'espines en pareil jour.

Ce grand Roy estoit bien éloigné de cette malheureuse complaisance de quelques meres, qui estant portées interieurement à la retraite & au mépris des vanitez du monde, s'engagent neanmoins dans les conversations & dans les assemblées dangereuses sous ombre qu'elles ont des enfans, qu'il est juste qu'ils se divertissent, & qu'il faut donner, ce dit-on, quelque chose à un âge qui est tout porté au plaisir. Comme si ces mesmes considerations ne les devoient pas obliger à rompre l'intelligence qu'elles auroient pû avoir avec le monde ; & si la crainte d'engager leurs enfans dans des lieux perilleux, dont ils n'eschapperont peut-estre pas avec autant de bonheur qu'elles, n'estoit pas suffisante pour leur faire éviter ces rencontres, & leur faire choisir une vie plus chrestienne, plus modeste, & plus retirée que la premiere.

Ie dis cecy, ma Sœur, parce qu'il y a beaucoup de peres & de meres, qui croient pouvoir se justifier un jour devant Dieu de ce qu'ils ont quitté leur solitude pour mener leurs enfans au bal ; de ce qu'ils ont étouffé les sentimens qu'ils avoient pour la simplicité dans les habits, afin de satisfaire à la vanité & à l'ambition de leurs enfans ; de ce qu'ils n'ont pas embrassé ouvertement les maximes & les conseils de l'Evangile, de crainte d'engager leurs enfans à les suivre, & de les faire entrer dans le degoût des maximes du siecle & des vanitez du monde. Comme si cette infidelité aux mouvemens d'une grace, qui leur estoit peut-estre donnée pour la sanctification de leurs enfans, ne leur devoit pas faire apprehender les justes jugemens de Dieu; & qu'ils n'eussent pas à luy répondre de toutes les mauvaises pensées, de tous les mauvais desirs, & de toutes les actions libertines, que leurs enfans ont faites dans ces assemblées, & dont à la verité ils ne se sont pas apperçeus, mais que les yeux de Dieu ont remarquées, & que sa divine justice imputera un jour à la complaisance de ceux, qui les ont engagez dans ces occasions dangereuses.

Prenez bien garde aussy de ne pas imiter ces meres, qui sous pretexte d'épargne, ou parce qu'elles font lasses des vanitez & des folies du monde, s'en dépoüillent pour en reuestir leurs enfans; & qui, par une espece d'hypocrisie la plus dangereuse qu'on se puisse imaginer, n'osant prendre des modes, que le monde mesme ne permet qu'à la jeunesse, veulent du moins avoir le plaisir de les porter en la personne de leurs filles, & n'estant plus propres elles-mesmes aux plaisirs & aux divertissemens, *rendent, comme dit S. Ierosme, ces ames innocentes les victimes les plus ordinaires de la volupté.*

Ie ne m'arresteray point icy à vous representer l'obligation que vous avez de ne permettre jamais que vos filles se fardent & mettent des mouches; qu'elles rougissent leurs levres; qu'elles noircissent leurs sourcils; qu'elles blanchissent leurs joües; & qu'elles recherchent ces autres vanitez ridicules, que l'esprit du siecle a inventées sous prétexte de reparer les defauts de la nature, mais en effet pour satisfaire la passion, que celles de leur sexe ont de paroistre belles & agréables aux yeux des autres.

Ce que je viens de dire du luxe & des habits magnifiques, suffit pour vous faire comprendre combien vous devez les éloigner de ces folies, puis qu'il y a moins de mal, selon les Peres, dans ces vestemens superbes, qu'à se farder le visage par des couleurs étrangeres.

S. Ambroise, entre les Peres latins, dans les livres qu'il a faits pour l'instruction des vierges, condamne hautement dans les femmes chrestiennes les cheueux frisez, les colliers de perles, les pendans d'oreilles, & les autres ajustemens de cette forte. Mais il n'y a rien qu'il combatte avec plus de zele & plus d'éloquence, que le soin, que les femmes de son siecle avoient de se farder sous pretexte de plaire à leurs maris. Il les raille agréablement sur ce qu'elles se trahissoient elles-mesmes en recherchant ainsi ces beautez étrangeres ; & il leur reproche qu'en s'appliquant avec tant d'étude à changer les traits de leurs visages, elles se condamnoient & rendoient leurs deffauts naturels beaucoup plus remarquables.

S. Chrysostome entre les Peres Grecs, apprenant aux maris, qui ont des femmes toutes du monde, qui aiment le luxe, & qui sont plongées dans les delices, de quelle maniere ils doivent travailler à les retirer de ces déreglemens, leur conseille de ne pas commencer par le retranchement de leurs habits magnifiques, mais par le retranchement du soin qu'elles ont de se farder. Et ce S. Docteur ne dit rien sur ce sujet, dont une mere ne se deust servir, si elle voyoit que quelqu'une de ses filles eust la moindre inclination pour ces sortes de vanitez. Car ce seroit alors qu'elle luy devroit representer,

Serm. 30. sur S. Matt.

,, qu'il n'y a point d'homme sage, qui
,, ne condamne celles, qui se déguisent ainsi le visage par des poudres
,, & par des couleurs empruntées,
,, pour forcer en quelque sorte la nature, & pour se donner ce qu'elles
,, n'ont pas ; & qu'ayant esté nourrie dans la foy & dans la connoissance du vray Dieu, & ayant Iesus-
,, Christ pour chef, elle ne doit pas
,, chercher une beauté artificielle
,, dans ces déguisemens que le diable
,, a inventez.

,, Considerez, dit en suitte S. Chrysostome addressant sa voix à tou-

tes les femmes chrestiennes, que «
IESVS-CHRIST est vostre époux; «
que c'est pour luy que vous devez «
vous parer : & vous fuirez avec «
horreur ces embellissemens si hon- «
teux. Car IESVS-CHRIST n'aime «
point ces agrémens faux & con- «
trefaits. Il veut que ses épouses «
soient belles, mais d'une beauté «
veritable. C'est cette beauté que «
le Prophete vous avertit de conser- «
ver avec soin, lors qu'il vous dit : «
Et le Roy aimera vostre beauté. «

Ne cherchons donc plus ces «
beautez étudiées aussy difformes «
qu'elles sont vaines. Les ouvrages «
de Dieu sont achevez. Il y a mis «
tout ce qui y doit estre, & il n'a pas «
besoin de vous pour les reformer. «
Aprés qu'un excellent peintre a «
achevé le portrait du Roy, nul «
n'oseroit y ajoûter des couleurs «
étrangeres, & cette audace ne se- «
roit pas impunie. Vous avez donc «

„ du respect pour l'ouvrage d'un
„ homme ; & vous osez alterer &
„ corrompre l'ouvrage de Dieu?
„ Vous ne vous souvenez plus qu'il
„ y a un enfer ? Vous ne tremblez
„ point au souvenir de ses flammes?
„ Vous oubliez mesme vostre ame,
„ & vous la traittez indignement
„ sans en avoir aucun soin, parce
„ que vous donnez toutes vos pen-
„ sées, & toutes vos affections à
„ vostre corps.
„   Mais j'ay tort de vous parler de
„ vostre ame, puisque vous ne trai-
„ tez pas mieux vostre corps, & qu'il
„ luy arrive tout le contraire de ce
„ que vous pretendez. Vous voulez
„ paroistre belle par ce fard, & il ne
„ sert qu'à vous rendre laide. Vous
„ voulez plaire à vostre mary ; &
„ rien ne luy déplaist davantage ; &
„ non seulement à luy, mais à tout
„ le monde. Vous voulez passer pour
„ jeune ; & vous en devenez plûtost

vieille. Enfin vous voulez qu'on «
admire voſtre beauté ; & tout le «
monde ſe mocque de vous. Vous «
ne ſçauriez voir ſans quelque hon- «
te, ni vos amies, & les perſonnes «
qui vous ſont égales, ni voſtre «
femme de chambre ; & voſtre mi- «
roir meſme vous fait rougir. «

Mais je ne veux point m'arreſter «
à ces raiſons. Il y en a d'autres bien «
plus fortes & bien plus conſide- «
rables. Car vous pechez contre «
Dieu ; vous perdez la pudeur qui «
eſt la gloire de voſtre ſexe ; vous «
allumez des flâmes criminelles dãs «
le cœur des hommes, & vous vous «
rendez ſemblables à ces victimes «
infames de l'impudicité publique. «
Penſez donc avec attention à tous «
ces avis que je vous donne. Mépri- «
ſez à l'avenir ces ornemens diabo- «
liques. Renoncez à ces faux em- «
belliſſemens, ou plûtoſt à ces ve- «
ritables laideurs, pour ne vous oc- «

„ cuper plus que de cette beauté in-
„ terieure & invisible de l'ame, que
„ les Anges desirent, que Dieu ai-
„ me, & qui sera precieuse & vene-
„ rable à ceux, à qui vous estes unie
„ d'un lien sacré.

 Vous avez, ma Sœur, dans les paroles de ce grand Saint, que je viens de rapporter, tout ce qui est necessaire pour fortifier vos filles contre l'inclination malheureuse, que celles de vostre sexe ont à s'embellir & à paroistre agreables. Vous avez tout ce qui est necessaire pour leur inspirer de l'horreur de ces beautez peintes & contrefaites qu'elles affectent si souvent. Enfin vous avez les motifs qui vous obligent vous-mesme à les élever dans la modestie & dans la retenüe, que demande le christianisme que vous professez.

Avis

AVIS

Touchant les chansons mondaines.

AYez un soin tout particulier d'empescher vos enfans d'apprendre des chansons mondaines. Ie ne puis, ma Sœur, vous trop recommander cet Avis, ni vous exprimer comme il faut les maux que causent ces chansons malheureuses, qui font tout le divertissement & toute la joye de ceux qui suivent les maximes du siecle.

Dieu nous a donné des yeux, une " bouche, & des oreilles, afin, dit " S. Chrysostome, que nous les con- " *Dans le* sacrions à son service, que nous ne " *serm. 2.* parlions que de luy, que nous n'a- " *sur le ch.* gissions que pour luy, que nous ne " *1. de S.* chantions que ses loüanges, que " *Math.* nous luy rendions de continuelles " actions de graces, & que par ces " saints exercices nous purifiions le "

,, fond de nos cœurs. Cependant au
,, lieu d'en faire cet usage, nous les
,, profanons en des paroles & des
,, actions toutes vaines & superfluës;
,, & plust à Dieu qu'elles ne fussent
,, que superfluës, & non mauvaises
,, & dangereuses.
,, Qui est celuy de vous tous qui
,, m'écoutez maintenant, ajoûte ce
,, Pere, qui me pourroit dire par
,, cœur ou un Pseaume, ou quel-
,, qu'autre partie de l'Ecriture, si je
,, le luy demandois? Il ne s'en trou-
,, vera pas un seul. Et ce qui est en-
,, core plus à déplorer, c'est que
,, dans cette indifference pour les
,, choses saintes, vous avez en mes-
,, me temps une ardeur qui passe cel-
,, le du feu mesme pour des choses
,, detestables, qui ne sont dignes que
,, des demons. Car si quelqu'un vous
,, prioit au contraire de luy dire
,, quelqu'une de ces chansons infa-
,, mes, & de ces Odes honteuses &

DES ENFANS. *Chap. VIII.* 211
diaboliques, il s'en trouveroit plu- "
sieurs qui les auroient apprises "
avec soin, & qui les reciteroient "
avec plaisir. "

Ne pensez pas, ma Sœur, que ces paroles soient trop fortes pour estre appliquées aux chansons, qui sont communes parmy le monde, & qu'on apprend aux enfans dés qu'ils commencent à parler. Celles qui passent pour les plus honnestes renferment bien souvent le poison le plus subtil. Et si vous examinez toutes celles que vous avez jamais oüies, vous remarquerez qu'il n'y en a point qui ne blessent ou la verité, ou la charité, soit en donnant de fausses loüanges aux choses & aux personnes qui n'en meritent point, soit en déchirant l'honneur & la reputation du prochain ; vous remarquerez qu'il n'y en a presque point qui ne soient pleines des médisances & des ca-
O ij

lomnies les plus atroces, & qui ne soient des satyres sanglantes, où l'on n'épargne ni la personne sacrée des Souverains, ni celle des Magistrats, ni celle des personnes les plus innocentes & les plus pieuses; vous remarquerez qu'il n'y en a presque point qui ne servent ou à exprimer des passiõs déreglées, ou a en entretenir; qu'il n'y en a point qui ne flatent ces mesmes passions; qui ne les representēt avec ce fard qui en déguise l'horreur, & en fait aimer l'injustice & l'infamie; qui ne soient employées à faire éclater des flammes criminelles; qui ne soient remplies d'equivoques deshonnestes, & qui ne portent dans l'imagination des idées si sales & si honteuses, qu'il est impossible qu'elles ne blessent entierement la pureté.

Cependant combien y a-t-il de peres & de meres, qui souffrent sans scrupule que leurs enfans se remplissent l'esprit & la memoire de ces chansons ; qu'ils les chantent en leur presence & avec plaisir ; & qu'en les repetant librement ils s'accoûtument insensiblement à perdre la honte & la pudeur, qui les feroit rougir dans un âge plus avancé d'entendre ces chansons, si l'on ne les avoit accoûtumez à ce langage corrompu?

Lactance, dans l'abregé qu'il a fait de ses institutions, dit, qu'un « des effets de ces chansons est de « laisser dans le cœur une tres-gran- « de disposition au crime & au liber- « tinage : en sorte que ceux qui les « aiment & qui en font leur divertis- « sement, se laissent facilement en- « gager dans le desordre & dans « l'impieté. Il ajoûte, qu'elles don- « nent du dégoût pour les choses « saintes, & pour les saintes Ecritu- «

„ res, parce que la nature corrom-
„ püe n'y trouvant rien qui la flatte,
„ elle s'en dégoûte, & préfere in-
„ justement ces vers & ces chansons
„ miserables, qui touchent & en-
„ tretiennent ses passions, aux veri-
„ tez que ces livres saints luy décou-
„ vrent, & qui condamnent ses dé-
„ reglemens.

Quel soin les peres & les meres ne doivent-ils donc pas avoir de preserver leurs enfans de cette peste qui corrompt presque tout le monde ? Quelle faute ne commettent-ils point, non seulement lors qu'ils se plaisent à les entendre dans la bouche de leurs enfans, mais mesme à les leur apprendre eux-mesmes ? Saint Cyprien, en parlant des peres & des meres qui faisoient manger à leurs enfans des viandes offertes aux idoles, fait dire aux enfans ces paroles étonnantes : *Nos propres peres ont esté nos parricides.* Et S. Augustin expliquant ce passage dit, qu'encore « que ces enfans n'ayant point de « part à cette action criminelle par « leur volonté, ne mourussent pas « réellement dans l'ame, neanmoins « leurs peres ne laissoient pas d'estre « leurs homicides ; parce qu'en tant « qu'il dépendoit d'eux ils faisoient « mourir spirituellement leurs ames. «

Combien les meres, qui apprennent à leurs enfans des chansons de médisance, ou d'impudicité, font-elles plus coupables, que celles dont parle S. Cyprien ? Car enfin les viandes offertes aux idoles sont des creatures de Dieu : mais ces chansons ne sont que des productions du diable, qui les compose par ses ministres. Ces viandes ne corrompoient réellement ni l'ame ni le corps des enfans, elles ne faisoient que passer en eux, comme des autres viandes, sans y faire aucune impression maligne : au lieu que ces chansons sacrileges corrompent l'esprit de ceux qui les chantent, & que demeurant dans la memoire elles leur servent de tentation pour toute leur vie.

En effet comme remarque ex-
<small>Dans ses Institut. liv. 6. ch. 21.</small> „ cellemment Lactance, quelque
„ douceur qu'il y ait dans les sons
„ harmonieux qui flattent les oreil-
„ les, on les peut aisément mépri-
„ ser, parce qu'ils ne laissent point
„ d'impression dans le cœur, & qu'ils
„ ne s'attachent point, pour ainsi
„ dire, à la substance de l'ame. Mais
„ les vers qui sont animez du chant
„ la deçoivent par leur douceur ; ils
„ s'emparent de l'esprit & le pouf-
„ sent avec impetuosité où il leur
„ plaist ; ils luy persuadent tout ce
„ qu'ils luy font trouver agréable ;
„ & peu s'en faut qu'ils ne le sur-
„ prennent, & qu'ils ne s'emparent

entierement de toute sa volonté «
pendant qu'ils flattent ses sens. «
Vous ne devez donc, conclut cet «
Auteur, trouver rien de doux à «
vos oreilles, que ce qui nourrit «
vostre ame & la rend meilleure : «
& il faut particulierement vous «
appliquer à détourner du vice cet «
organe qui vous a esté donné de «
Dieu, pour entendre sa verité & «
recevoir sa doctrine. Si vous vous «
plaisez au chant & à la poësie, plai- «
sez-vous à chanter & à entendre «
les loüanges de Dieu. Il n'y a de «
plaisir veritable que celuy qui est «
toûjours accompagné de la vertu. «

Voila, ma Sœur, ce que vous devez inspirer de bonne heure à vos enfans. Ne souffrez jamais qu'on fasse ou qu'on dise en leur presence la moindre chose indigne de la modestie, de la sagesse, & de la charité pour le prochain, dont vous faites profession en qualité de chrestienne. *Ne leur permettez point d'oüir des chansons effeminées & lascives, de peur que ce ne soit un malheureux charme qui amolisse leurs ames, & qui leur fasse perdre toute vigueur.* N'endurez point que des bouches qui doivent estre un jour sanctifiées par la nourriture celeste du corps de Iesvs-Christ, soient profanées par des chansons infames, & que des langues qui doivent estre teintes dans le sang du Sauveur, se servent d'un langage tout corrompu.

Ayez toûjours presentes à vostre esprit ces excellentes paroles de S. Paul, qui renferment les regles de la conversation des fideles: *Qu'on n'entende pas seulement parler parmy vous de fornication ni d'autre impureté que ce soit, ni d'avarice, comme on n'en doit point oüir parler parmy des Saints: qu'on n'y entende point des paroles deshonnestes, folles & bouffon-*

S. Chrysost. hom. de Ann.

Aux Ephes. ch. 5. v. 3. 4. 17. & 19.

nes, ce qui ne convient pas à vostre vocation, mais plûtost des paroles d'actions de graces. *Ne soyez pas indiscrets: mais sçachez discerner quelle est la volonté du Seigneur, vous entretenant de Pseaumes, d'Hymnes, & de Cantiques spirituels, chantant & psalmodiant du fond de vos cœurs à la gloire du Seigneur. Que toutes les paroles deshonnestes soient banies de vostre bouche. Que la parole de* IESUS-CHRIST *habite en vous avec plenitude, & vous comble de sagesse. Instruisez-vous & exhortez-vous les uns les autres par des Pseaumes, des Hymnes & des Cantiques spirituels.* Aux Coloss. chap. 3. v. 8. & 16.

Car vous voyez, par ces paroles de l'Apostre, qu'il n'est pas permis aux Chrestiens de dire la moindre parole non seulemēt deshonneste, mais mesme peu serieuse & bouffonne; bien loin d'en faire toute leur joye & tout leur divertissement: & que s'ils chantent, il faut que ce soit des Pseaumes, des Hymnes, & des Cantiques spirituels, afin que par le plaisir qui touche l'oreille, l'esprit encore foible s'eleve dans les sentimens de pieté; & qu'estant plus ardemment touché de devotion par les chants animez de la parole divine, il reçoive avec plus de respect & de douceur les veritez qu'elle renferme, & s'en occupe plus utilement.

S. August. dãs le liv. 10. de ses Conf. chap. 33.

Les peres & les meres qui ne se seront pas efforcez de suivre ces regles de l'Apostre dans l'education de leurs enfans, & qui ne leur auront pas absolument deffendu ces chansons corrompuës, seront d'autant plus coupables devant Dieu, qu'il leur est plus facile dans ce siecle de les en détourner; puisqu'il y a plusieurs personnes de pieté qui ont travaillé auec beaucoup de succés à mettre en vers les

Pseaumes, les Hymnes & les Cantiques de l'Eglise; qu'il y en a beaucoup qui ont fait des chansons spirituelles fort agréables ; & que l'on a mis ces Pseaumes, ces Hymnes, & ces chansons spirituelles sur des chants & des airs fort harmonieux, & qui en divertissant agréablement l'esprit le portent à Dieu, & nourrissent la pieté dans les ames.

Avis

Touchant les Romans.

CE n'est pas assez, ma Sœur, de veiller dés les plus tendres années de vos enfans pour empescher qu'ils n'apprennent ces chansons malheureuses : il faut encore, lors qu'ils sont plus avancez en âge, & capables de s'appliquer à la lecture, détourner d'eux avec soin les Romans & les autres livres de cette nature, qui ne sont capables que de leur inspirer l'esprit du monde, & de ruiner en eux celuy de Iesvs-Christ.

Ie ne puis mieux vous faire comprendre l'importance de cet avis, qu'en vous rapportant les paroles de l'illustre sainte Therese, dans lesquelles vous verrez combien il est dangereux que les meres ayent en ce point de l'indulgence pour leurs enfans, & qu'elles se plaisent elles-mesmes dans ces sortes de lectures, qui charmant l'esprit par d'agréables réveries, corrompent le cœur par des déreglemens effectifs. Voicy ce qu'elle en a écrit dans le chapitre second de sa vie.

,, Il me semble que ce que je m'en
,, vais presentement rapporter me
,, fut tres-préjudiciable. Ie conside-
,, re quelquefois le grand mal que
,, font les peres qui ne taschent pas
,, de tout leur pouvoir de mettre

continüellement devant les yeux «
de leurs enfans des objets de ver- «
tu. Car encore que ma mere fut «
aussy vertueuse que je viens de di- «
re, neanmoins quand j'eus atteint «
l'usage de raison, je ne retins que «
fort peu, & mesme presque rien «
du tout, des bonnes qualitez qui «
estoient en elle : au lieu que ce que «
j'y remarquay de mauvais me nui- «
sit étrangement. «

Elle se plaisoit à la lecture des «
Romans ; mais ce divertissement «
n'estoit pas si dangereux pour elle «
que pour moy, parce qu'elle ne «
perdoit de temps que celuy qu'el- «
le employoit à les lire, & que peut- «
estre ne faisoit-elle cela, que pour «
se delasser des soins penibles que «
luy causoit sa famille, & pour em- «
pescher ses enfans de s'occuper à «
d'autres choses plus mauvaises. «
Mais pour moy encore que mon «
pere y trouvast tellement à redire, «

„ qu'il falloit bien prendre garde
„ qu'il ne s'en apperçeût, je ne laif-
„ fois pas de faire mon occupation
„ ordinaire de la lecture de ces li-
„ vres ; & quelque petite que fût
„ cette faute dans ma mere, elle ne
„ laiſſoit pas de refroidir mes bons
„ deſirs, & eſtoit cauſe que je tom-
„ bois inſenſiblement dans d'autres
„ fautes.

„ Il me ſembloit qu'il n'y avoit
„ point de mal à perdre pluſieurs
„ heures du jour & de la nuit dans
„ une occupation ſi vaine, quoique
„ je me cachaſſe de mon pere : &
„ j'eſtois tellement enchantée de
„ l'extreme plaiſir que j'y prenois,
„ qu'il me ſembloit que je ne pou-
„ vois eſtre contente, ſi je n'avois
„ quelque nouveau Roman entre
„ les mains.

„ Ie commençay de ſuivre la mo-
„ de, de prendre plaiſir à eſtre bien
„ miſe, d'avoir grand ſoin de mes
mains,

mains, de vouloir estre bien coif- «
fée, d'user des plus excellens par- «
funs ; en un mot d'affecter tous les «
vains ajustemens, que ma condi- «
tion me permettoit d'avoir, & que «
ma curiosité inventoit en tres- «
grand nombre. A la verité mon «
intention n'estoit point mauvaise; «
car je n'eusse pas voulu, dans la pas- «
sion démesurée que j'avois d'estre «
propre, donner sujet à personne «
du monde d'offenser Dieu : mais «
je voy bien maintenant combien «
ces choses, qui durant plusieurs «
années m'ont paru innocentes, «
sont effectivement criminelles. «

Ie ne pense pas, ma Sœur, qu'il faille rien ajoûter à ces paroles pour vous donner de l'horreur de la lecture des Romans, puis qu'elles découvrent si clairement la plufpart des mauvais effets que produisent ces histoires fabuleuses, que l'oisiveté & le libertinage

P

de ces derniers siecles ont inventées pour nourrir & entretenir les passions les plus dangereuses.

Car vous voyez dans les paroles & dans l'exemple de sainte Therese, comme ces malheureuses lectures charment l'esprit des jeunes gens, & les attachent tellement à elles par la douceur pernicieuse & le plaisir funeste qu'elles leur presentent, qu'ils negligent tous les autres exercices pour s'attacher à celuy-cy ; qu'ils en font leur unique & leur principale occupation ; & qu'ils employent les jours & les nuits, contre la volonté mesme de leurs peres, à satisfaire la curiosité qu'elles excitent, & qu'elles allument dans leurs cœurs.

Vous voyez comme elles changent toutes les bonnes inclinations qu'ils avoient receües de la nature, comme elles refroidissent peu à peu les desirs qu'ils avoient pour le bien ; & comme elles bannissent en peu de temps de leur ame tout ce qu'il y avoit de bon & de vertueux.

Vous voyez comme elles leur inspirent de l'amour & de l'estime pour toutes les vanitez & les galanteries du siecle ; comme elles leur apprennent à rechercher les moyens de plaire au monde, de flatter leurs sens, de se parer, de se rendre agréables, d'arrester & de tromper les yeux, enfin de trouver des déguisemens & des finesses pour cacher ce que le corps a de défectueux, & pour mettre en son plus beau jour ce qui le peut faire considerer.

Souvent on est surpris de voir de jeunes filles élevées dans une grande retenüe & dans une grande modestie, prendre tout d'un coup un air plein de vanité & de galanterie, & ne faire paroiſtre de l'ardeur que pour ce que le monde eſtime & ce que Dieu a en abomination. On s'eſtonne de ce déplorable changement: & comme elles n'ont point encore veu les compagnies, on ne ſçait à quoy l'attribuer. C'eſt bien ſouvent que les peres & les meres n'ont point veillé ſur elles pour les empeſcher de s'occuper dans la lecture de ces dangereux livres, qui leur ont inſpiré cette ſecrette vanité & ce deſir de faire naiſtre en ceux, qui les regardent, ces paſſions, pour leſquelles elles ont conçeu tant d'eſtime, en les voyant exprimées ſi agréablement dans ces livres. Ces avantures feintes & imaginaires charmant leurs cœurs, & flattant leurs paſſions, en ont redoublé l'ardeur, & ont fait paſſer dans leurs geſtes, dans leurs actions, & dans leurs ames tous les mouvemens qu'elles ont veus dãs ces heroïnes fabuleuses. Elles y ont pris leurs maximes, leur esprit, leur cõduite, leur langage, & toutes leurs manieres d'agir. Elles y ont appris à n'estre point si farouches ni si feveres ; à estre un peu tendres & passionnées ; à se laisser toucher aux services, aux carresses, & aux larmes ; enfin à se cacher à elles-mesmes, & à couvrir les mouvemens d'une amour tout-à-fait déreglée sous les apparences d'une belle amitié, & d'une humeur facile, complaisante, & enjoüée.

Veillez donc, ma Sœur, avec soin, afin d'empescher vos enfans de tomber dans ce dangereux piege, que le demon tend à leur inno « cence. Ne les laissez point empor- « ter à ce torrent funeste, dont par- « le S. Augustin, qui entraisne les « enfans d'Eve dans cette vaste & si « perilleuse mer, dont à peine, dit « ce Saint, se peuvent sauver ceux- «

Dans le liv. 1. de ses Conf. chap. 16.

,, mesmes qui la passent sur le bois
,, de la croix de IESVS-CHRIST.
,,   Et qu'on ne dise point, ajoûte le
,, mesme Pere, que c'est dans ces
,, livres que l'on apprend la pureté
,, de la langue, & que c'est de ces
,, livres qu'il faut tirer cette élo-
,, quence, qui est si necessaire pour
,, persuader ce que l'on desire, &
,, pour exprimer avec grace ses avis
,, & ses sentimens. Vous devez avoir
plus de soin de la pureté du cœur
de vos enfans que de celle de leur
langue. Et quoy qu'il puisse y avoir
de bonnes choses dans ces livres
meslées parmy les mauvaises;

Dans la let. à Leta. ,, neanmoins, dit S. Ierosme sur le
,, sujet des livres dangereux & apo-
,, criphes, il faut beaucoup d'adresse
,, pour chercher & pour trouver
,, l'or dans la boüe, & l'on est sou-
,, vent en danger de se salir dans cet-
,, te recherche, sans trouver ce qu'on
y a cherché.

Aprés tout, il y a maintenant une infinité de livres de pieté beaucoup mieux écrits, où vos enfans puiseront avec la connoissance & l'amour des veritez chrestiennes beaucoup plus d'éloquence, & trouveront mesme toutes les graces du langage, sans qu'ils les aillent chercher dans des histoires fabuleuses, qui ne sont capables que d'éteindre en eux la charité, & d'y allumer des flammes estrangeres, qui consumeront peu à peu tous les sentimens de pieté, que vous vous serez efforcée de leur inspirer.

AVIS
Touchant les bals, les danses, & les assemblées.

DAns les occasions de scandale dont le monde est remply, nous ne sommes pas sollicitez au mal en mesme temps par tous

les endroits par lesquels nous en
„ sommes susceptibles. Mais comme
Du liv. 6. „ remarque Salvien, ou l'esprit seul
qu'il a fait „ est attaqué par des pensées con-
du gouver-
nement de „ traires à la pureté, ou les yeux sont
Dieu. „ frapez par des objets deshon-
„ nestes, ou l'oreille par des discours
„ contraires à la charité : de sorte
„ que si quelqu'un de ces sens se laisse
„ se engager dans le peché, les au-
„ tres peuvent en mesme temps en
„ estre exempts, & servir à l'ame
„ d'instrument pour se relever de
„ cette cheute.

Mais dans les bals & les assemblées, qui ne sont presentement que trop communes parmy les chrestiens, le monde, la chair, & le diable attaquent l'esprit des jeunes gens par tous les endroits par lesquels ils peuvent leur inspirer le vice. Ils presentent en mesme temps à tous leurs sens tous les differents objets, qui les peuvent charmer, & les attirer au mal. Vous diriez qu'ils ayent ramassé en un mesme lieu tout ce qui peut donner entrée dans le cœur de l'homme au plaisir, par lequel ils ont accoutumé de se le rendre assujetti.

L'oreille y est charmée par les concerts d'instruments; & les yeux par tout ce que le luxe & la vanité peuvent étaler de plus agréable. Le plaisir qui se rencontre dans les odeurs y est réveillé par les parfums les plus precieux, & les plus douces senteurs; & le goût par les fruits les plus delicieux, & par les viandes les plus exquises. Enfin il s'y fait comme une generale conspiration de tout ce que la volupté a d'attraits & de charmes, pour amollir le cœur de l'homme, & pour flatter ses passions.

On prend bien garde de n'inviter dans ces assemblées que des personnes qui plaisent, & ausquelles on puisse plaire : & si l'on est forcé d'y en appeller d'autres, on s'en console sur ce qu'elles servent à donner du lustre à la compagnie.

Celles qui y sont invitées ne s'appliquent qu'à se rendre agréables & aimables. Elles passent les journées entieres à se parer, à s'ajuster, à se déguiser, à cacher autant qu'il se peut tous les defauts de leur visage ; & elles employent toutes les affeteries, toutes les adresses, & tous les artifices imaginables, afin d'arrester & de tromper les yeux de ceux qui les regardent.

Tout le monde y entre dans cette disposition si vaine, mais si precieuse à la nature corrompuë, d'aimer, & de se faire aimer. Et l'on ne se contente pas d'y porter cette disposition ; on s'en explique par toutes sortes de voyes ; & souvent les regards, les gestes, & l'ajustement mesme expliquent ce que la langue n'ose exprimer.

Qui pourroit representer tous les pieges que le demon tend alors aux jeunes gens ? Que de complaisances indiscretes ! Que de respects passionnez ! Que d'attachemens dangereux ! Que de protestations feintes & simulées ! Que de discours vains, impertinens, & idolâtres ! Vous diriez que tous ceux qui composent ces assemblées ayent oublié non seulement qu'ils sont chrestiens, mais mesme qu'ils sont hommes ; tant ils y font paroistre dans leurs gestes, dans leurs postures, dans les mouvemens de leur corps, de foiblesse, de delicatesse, & de déreglement. Il semble que ce soit une trouppe dévouée au plaisir & à la volupté, & qu'ils ayent mesme entrepris d'un commun consentement de mettre la creature en la place de Dieu.

Ie n'oserois vous faire icy la peinture de ce qui se passe dans le cœur de toutes ces personnes, dont la passion de plaire & d'estre aimé regle, pour ainsi dire, tous les mouvemens.

„ C'est là, pour me servir des ter-
„ mes de S. Augustin, que les va-
„ peurs grossieres & impures qui s'é-
„ levent de la boüe & du limon de
„ la chair & des boüillons de la jeu-
„ nesse, obscurcissent les cœurs, &
„ les offusquent de telle sorte, qu'ils
„ ne peuvent discerner la serenité
„ pure & resplandissante d'une af-
„ fection legitime d'avec les images
„ tenebreuses d'une amour infame.
„ C'est là qu'ils nagent dans cette
„ joye funeste & malheureuse, dans
„ laquelle les enfans du monde s'at-
„ tachent aux choses basses par le
„ déreglement de leur volonté cor-
„ rompuë, & estant animez de leurs
„ passions, qui comme un vin fu-

meux offusquent par leurs vapeurs «« imperceptibles la plus haute par- «« tie de leur ame, oublient Dieu «« pour s'attacher à la creature. ««

Que de desirs ! Que de craintes ! Que d'impatiences ! Que d'envies ! Que de jalousies ! Que de soupçõs ! Que de dépits ! Que de mouvemens dereglez agitent leurs esprits ! On ne sçauroit, ma Sœur, expliquer tous les maux interieurs que ces assemblées causent; & sans avoir égard aux querelles, aux combats, & aux meurtres, qui y prennent naissance, nostre langue est trop chaste pour exprimer les autres effets malheureux, & les autres suites dangereuses de ces assemblées, où les ames les plus innocentes apprennent à perdre la pudeur, & deviennent enfin les victimes d'une infame volupté.

Que diray-je des loix & des regles que l'on observe si inviolablement dans ces assemblées, & que l'esprit du libertinage y a établies: de cette obligation indispensable que les personnes, chez qui elles se tiennent, ont d'ouvrir leur porte indifferemment à tout le monde: de la liberté que tous les jeunes gens ont d'y entrer, d'examiner toutes les personnes qui les composent, de s'attacher à celles qui leur plaisent davantage, de les entretenir, de les mener danser, de les cajoller, & de prendre avec elles des libertez, que les peres & les meres auroient honte de leur permettre dans leurs maisons particulieres. De sorte qu'à proprement parler les lieux où se tiennent ces sortes d'assemblées sont comme des lieux infames & publics, où les peres & les meres exposent leurs propres filles à la jeunesse la plus libertine; & où ces mesmes filles par le peu de modestie qu'il y a dans leur ajustement, & le peu de retenuë qui paroist dans leurs regards, dans leurs gestes, & dans toute leur personne, se prostituent aux yeux & aux desirs de tous ceux qui y entrent, & inspirent mesme aux plus moderez des sentimens contraires à leur devoir, & qui ne dégenerent que trop souvent en de tres-honteuses pratiques.

Faut-il s'étonner aprés cela si S. Charles Borromée, dans un excellent traité qu'il a fait contre les danses, & dans lequel il montre qu'elles sont condamnées par l'Ecriture sainte, par les Conciles, & par les Saints Peres, rapporte qu'estant encore jeune & dans les « études, & ayant contraint avec « ses compagnons un Philosophe « d'un jugement fort solide à aller « au bal : ce Philosophe aprés avoir « bien remarqué toutes les cir- «

„ constances de cette assemblée, &
„ des actions qui s'y faisoient, fut
„ saisi d'étonnement, & leur dit sur
„ le champ, que c'estoit une inven-
„ tion du diable pour perdre les
„ ames, & pour corrompre les
„ mœurs des fidelles.

Et ne pensez pas, ma Sœur, que les danses qui se font en particulier, & avec moins d'éclat & de pompe, soient moins dangereuses.

Liv. 3. S. Ambroise, dans les livres qu'il a faits pour l'instruction des vierges, & qu'il a addressez à Marcelline, qui estoit sa sœur, aprés avoir remarqué que tous les chrestiens sont obligez, selon le commande-
Aux Coloss. 3. ment de S. Paul, de rapporter à IESUS-CHRIST toutes leurs paroles & toutes leurs actions, compare les divertissemens aux remedes, &
„ dit, que de mesme que les reme-
„ des ne profitent au corps que lors
„ qu'on en use selon l'avis du Medecin,

cin, & qu'au contraire ils servent «
souvent à entretenir la maladie «
lors qu'on les prend contre son «
avis : ainsi tout ce que nous faisons «
selon les regles que IESVS-CHRIST, «
qui est le medecin de nos ames, «
nous a prescrites, contribuë à leur «
santé, & leur tient lieu de remede; «
au lieu que ce qui n'est point con- «
forme à son esprit & à ses regles, «
l'affoiblit & ruine ses forces insen- «
siblement. Il faut donc, conclut «
ce S. Docteur, qu'un chrestien «
mette toute sa joye dans la bonne «
conscience, & non pas dans les «
festins, dans les danses, & dans les «
assemblées mondaines. Car la pu- «
deur n'est point en seureté, & le «
plaisir qui nous attire nous doit «
estre suspect, lors que la danse est «
la compagne ou la fin du divertis- «
sement que l'on recherche. *Il n'y a* «
personne, a dit un ancien, *qui dan-* «
se, estant sobre, s'il n'a perdu l'esprit. «

Q

„ Si selon la sagesse mesme payenne,
„ l'yvresse, ou la folie, sont la cause de
„ la danse, que penserons-nous que
„ l'Ecriture sainte nous veüille insi-
„ nuer, lors qu'elle nous represen-
„ te le Précurseur de Iesvs-Christ
„ condamné à la mort à la priere
„ d'une danseuse, sinon que le plaisir
„ qu'Herode avoit pris à voir danser
„ la fille d'Herodiade, luy a esté
„ beaucoup plus funeste, que le res-
„ sentiment sacrilege qu'il avoit eu
„ de la liberté que ce Saint avoit
„ prise de le reprendre ?

Et ensuite aprés avoir fait reflexion sur la grandeur du crime où ce Prince s'estoit engagé, ayant esté comme enchanté par cette danse malheureuse, & sur la hardiesse avec laquelle cette fille avoit
„ osé danser devant luy : Qu'avoit
„ pu, dit-il, apprendre cette fille
„ d'une mere adultere & incestueu-
„ se, qu'à perdre la pudeur ? En effet

DES ENFANS. *Chap. VIII.* 243

y a-t-il rien de plus propre à exci- «
ter des passions honteuses, que de «
découvrir, comme on fait en dan- «
sant, des parties du corps, que la «
nature & l'honnesteté obligent de «
cacher ; que de conduire ses yeux «
avec artifice, & faire accorder ses «
regards aux postures indécentes «
de son corps ; & que de marquer «
avec la teste & tout le reste du «
corps les mouvemens d'une caden- «
ce dissoluë ? «

Faut-il s'étonner aprés cela si «
l'on s'engage si facilement au mi- «
lieu de la danse à commettre les «
plus grands crimes ? Et quelle re- «
tenuë, ou quel reste de pudeur «
pourroit-il y avoir parmy le tinta- «
marre & le bruit confus que l'on «
fait en chantant, en sautant, & en «
s'abandonnant à une dissolution, «
qui deshonnore le christianisme ? «
Que dites-vous, Meres chrestien- «
nes, à la veüe d'une histoire si tragi- «

„ que. Ne voyez-vous pas dans cet
„ exemple ce que vous devez ap-
„ prendre à vos filles à éviter; & que
„ c'est aux meres impudiques &
„ adulteres à souffrir que leurs fil-
„ les dansent, & non à celles, qui
„ sont chastes & fidelles à leur é-
„ poux ; qui doivent apprendre à
„ leurs filles la pieté, & non pas à
„ danser.

Serm. 48. sur S. Matt.   S. Chrysostome confirme cette verité, lorsque faisant reflexion
„ sur cette mesme histoire, il dit que
„ cette fille d'Herodiade fut dou-
„ blement criminelle; premierement
„ en ce qu'elle dansa ; secondement
„ en ce qu'elle plût à Herode, & luy
„ plût de telle sorte, qu'elle reçut un
„ homicide comme le prix de sa dan-
se. Et ensuite aprés avoir remarqué que la danse fut le piege, par lequel le demon fit tomber ce malheureux Prince dans un si grand
„ crime, il dit que ce fut aussy le de-

mon qui fit danser cette fille avec tant de graces, qu'Herode en fut charmé, & s'abandonna aveuglément à sa passion. Car, ajoûte-t-il, le demon se trouve par tout où il y a de la danse. Dieu ne nous a point donné des pieds pour un usage si honteux, mais pour marcher avec modestie. Il ne nous les a pas donnez pour sauter comme ces animaux, qui bondissent, & qu'il semble que les femmes veüillent imiter dans la danse & dans le bal; mais pour avoir place dans le chœur des Anges. Que si le corps est deshonnoré par ces démarches indécentes; combien l'ame l'est-elle encore davantage? Les danses sont les jeux des demons; ses ministres & ses esclaves en font leurs divertissemens & leurs plaisirs.

Et qu'on ne se figure point que ces paroles ne se puissent appliquer aux danses, qui sont commu-

nes parmy les gens du monde, à cause qu'elles n'ont pas toûjours à nos yeux des suites aussy funestes que celles-cy. Car comme remar-
» que ce S. Docteur : Il y a bien au-
» jourd'huy de ces festins, de ces
» bals, & de ces danses homicides.
» On n'y tuë pas le saint Precur-
» seur ; mais les membres mesmes de
» Iesvs-Christ, & d'une maniere
» encore plus crüelle. On n'y pre-
» sente pas une teste dans un plat
» pour le prix d'une danse ; mais on
» y rend la pluspart de ceux qui s'y
» trouvent esclaves des plaisirs bru-
» taux ; & en les engageant dans des
» passions criminelles, on les tüe,
» non en retranchant leur teste de
» leur corps, mais en separant leur
» ame d'avec Iesvs-Christ.

Evitez donc, ma Sœur, absolument ces bals, ces danses, & ces assemblées miserables. Fuyez-les comme une peste dont le venin est plus mortel aux ames, que celuy de la contagion mesme ne l'est aux corps. Que nulle consideration ne vous oblige de vous y trouver. Considerez-en devant Dieu les perils & les dangers inévitables. Et pratiquez en faveur de vos enfans ce que S. Chrysostome remarque que nous faisons tous les jours pour la conservation des biens du monde. Certes, dit ce « Pere, lorsque nous voyons qu'une « servante veut allumer un flam- « beau nous luy commandons sou- « vent de ne le pas porter en des « lieux, où il y a de la paille, du foin, « ou quelque chose de semblable, de « peur que quand elle y penseroit le « moins une esteincelle venant à « tomber dans cette matiere com- « bustible ne brûlast toute la maison. « Vsons de la mesme précaution en- « vers nos enfans, & ne portons pas « leurs yeux en des endroits où il se «

Q iiij

„ trouve des demoiselles licentieu-
„ ses, des filles coquestes, des per-
„ sonnes effrontées. Mais s'il y a de
„ ces personnes ou chez nous, ou
„ dans nostre voisinage, ou en quel-
„ que lieu que ce soit, défendons
„ expressément à nos enfans de les
„ regarder & de s'entretenir avec
„ elles, de peur qu'une petite étein-
„ celle tombant dans l'ame de ces
„ jeunes gens n'y cause un embrase-
„ ment general, & une perte irre-
„ parable.

Avis

Touchant les Comedies.

SI la crainte de faire naistre dans le cœur de vos enfans des passions qui leur seroient funestes, vous oblige de les éloigner de ces assemblées dont nous venons de parler ; cette mesme crainte vous engage indispensablement à ne permettre point qu'ils frequentent les comedies.

Il n'y a point de desordre que les Peres de l'Eglise ayent combattu plus souvent & avec plus de zele, que l'amour des spectacles. On voit en une infinité d'endroits de leurs écrits les marques de leur zele contre cette pernicieuse inclination, qui commençoit dés ce temps-là à corrompre l'innocence & la chasteté des fideles.

Ils les considerent comme une invention du diable, qui a fait bastir des theatres dans les villes pour amollir le cœur des soldats de IESVS-CHRIST, & leur faire perdre leur force & leur generosité.

Ils déplorent l'aveuglement de ceux qui croyent qu'il n'y a pas de mal à assister avec plaisir & avec applaudissement à des representations, d'où ils ne peuvent remporter que des imaginations honteuses, & des desseins criminels.

Ils font voir l'obligation indispensable que l'on a de quitter ces occasions prochaines d'incontinence. Ils appellent ces assemblées des écoles & des sources publiques d'impureté ; ils les décrient comme des festes du diable ; ils obligent ceux qui y ont assisté à se purifier par la penitence avant que d'entrer dans l'Eglise ; enfin ils font des peintures si tristes & si horribles de l'estat où l'on se trouve au sortir de ces divertissemens, qu'on ne les peut voir sans fremir, & sans s'estonner de l'effroyable aveuglement des hommes, à qui les plus grands crimes ne font horreur, que quand ils ne sont plus communs, & qui non seulement cessent d'en estre choquez, mais souvent mesme les font passer pour des actions innocentes.

Car enfin quelques efforts que

ces grands Saints, & ceux qui les ont suivis, ayent faits pour étouffer ce desordre; il s'est tellement accru dans ces derniers siecles par la corruption generale, qui s'est répanduë parmy les fideles, qu'il passe maintenant pour un divertissement honneste, & que les comedies, qui font la honte & la confusion du christianisme, sont devenuës la plus serieuse occupation de la pluspart des fideles. *Ce qui m'afflige davantage*, disoit autrefois S. Chrysostome en parlant de ce desordre, *c'est que ce mal estant si grand, on ne le regarde pas mesme comme un mal*: & c'est ce qui vous oblige, ma Sœur, à veiller encore avec plus de soin pour empescher vos enfans de s'affectionner à ces malheureux spectacles. *Serm. 8. sur S. Matth.*

Ie sçay bien que l'on pretend qu'il faut faire beaucoup de distinction entre les comedies de ce temps-cy, & celles que les saints Peres ont condamnées dans le leur ; & que si celles contre lesquelles ils ont fait paroistre tant de zele meritoient le blasme qu'ils leur ont donné, celles qui se representent aujourd'huy sur les theatres, ne sçauroient assez recevoir de loüange, *parce qu'elles ne contiennent pour l'ordinaire que des exemples d'innocence de vertu, & de pieté.*

Mais de quelque specieux pretexte dont les auteurs de ces pieces veüillent se couvrir, & quelques pures & saintes que puissent estre leurs intentions ; il y a neanmoins tant de mélange dans leurs ouvrages, & les Saints qu'ils font paroistre sur le theatre y témoignent tant de foible touchant l'amour, qui est la passion dominante des comedies, qu'il est bien difficile de ne prendre pas le change, & qu'au lieu de sanctifier le thea-

DES ENFANS. *Chap. VIII.* 253
tre par les actions des martyrs, que l'on y repreſente, on ne profane la ſainteté de leurs ſouffrances par les fictions amoureuſes que l'on y meſle.

En effet ſi l'on y repreſente le martyre d'une Sainte, il faut que *Theodore.* ce ſoit une intrigue d'amour qui la faſſe mourir ; que ce ſoit parce qu'une autre fille aime éperdûment le jeune Prince, qui a une paſſion violente pour cette Sainte; & qu'une mere furieuſe n'épargne pas le ſang de cette Sainte pour ſatisfaire la paſſion de cette pauvre malheureuſe.

La Sainte meſme dans la ſuite de la piece vient enfin à découvrir la paſſion ſecrette qu'elle a pour un jeune homme : & quoique l'auteur la luy faſſe combattre, elle ne laiſſe pas pourtant de donner lieu à ceux qui l'entendent, de juſtifier en eux-meſmes par ſon exemple la passion qu'ils ressentent, & de l'entretenir sous pretexte de n'y vouloir point consentir. Ils apprennent d'elle à regarder les mouvemens d'une amour dereglée comme des .... *impressions,*

Que forment, en naissant, les belles passions.

Et le jeune homme qu'elle aime, tout chrestien qu'il est, & prest de souffrir la mort pour la deffense de la foy, & de la pureté mesme de cette Sainte, ne laisse pas de luy persüader d'épouser ce jeune Prince payen qui l'aime, & de la faire asseurer de sa part que,

C'est tout ce que veut d'elle Le souvenir mourant d'une flamme si belle.

De sorte que si l'on voit dans cette piece la foy triomphante, en la personne de cette Sainte, des supplices les plus honteux; on y voit en mesme temps l'amour prophane triompher de plusieurs miserables qu'elle s'est assujettis, & poursuivre jusqu'à la mort une Sainte vierge, & un genereux martyr. On y voit le mouvement de la charité chrestienne, qui oblige cet illustre Saint à exposer sa vie pour la deffence de la pureté de cette Sainte, tellement obscurcy par la passion feinte, que l'auteur met dans ses paroles & dans celles de la Sainte, qu'on ne sçait non plus que les Acteurs qu'il introduit sur le theatre.

Si c'est zele d'amant ou fureur de chrestien.

Et quoique le Saint declare luy-mesme ensuite qu'il n'a agi dans cette occasion que par un motif de generosité chrestienne, cela paroist mêlé de tant de paroles tendres & passionnées, & de tant de circonstances qui tendent à détourner l'esprit de cet égard, & à le porter vers l'amour profane, que tout ce qui reste dans l'esprit des spectateurs est une haute idée pour la forte passion que cet amant a euë pour la personne qu'il aimoit.

On demeure mesme d'accord que *dans l'endroit, où le zéle pour Dieu, qui occupe l'ame de Theodore, devroit éclatter le plus, c'est à dire dans sa contestation avec Didyme pour le martyre, on luy a donné si peu de chaleur, que cette Scene, bien que tres-courte, ne laisse pas d'estre ennuyeuse.* Et l'on dit pour s'en justifier qu'*à parler sainement une vierge & martyre sur un theatre n'est autre chose qu'un terme qui n'a ni jambes ni bras, & par consequent point d'action.* Ce qui est reconnoistre de bonne foy, qu'une vierge veritable fait un tres-méchant personnage sur un theatre ; qu'il demande plus de galanterie & plus *de chaleur,*

chaleur, qu'il n'y en a dans une vierge chrestienne ; & que si les autres Scenes de cette piece ne sont pas si *ennuyeuses*, c'est qu'en effet Theodore n'y parle ni en vierge, ni en martyre.

Voila quels sont ces *exemples d'innocence, de vertu, & de pieté*, que l'on vante tant. Mais plûtost voila comme on fait servir dans les comedies la generosité & la charité chrestienne, que les Saints ont fait paroistre dans leurs actions, à relever l'éclat de l'amour prophane, à en donner de l'estime, & à en exciter les flammes dans les cœurs des spectateurs.

Mais, ma Sœur, pour vous faire voir encore plus clairement combien est imaginaire la difference que l'on pretend mettre entre les comedies de ce temps-cy, & les spectacles des Anciens ; & que ce n'est ni *le scrupule* ni *le caprice*, mais

R

un veritable zele, qui les fait blâmer à ceux qui les condamnent; il faut remarquer que les Peres de l'Eglise n'ont presque rien dit contre l'attachement que l'on avoit de leur temps aux spectacles, qui ne se puisse appliquer avec beaucoup de justice aux comedies de ce temps-cy.

Tertullien, dans le livre qu'il a fait des spectacles, entreprend de montrer que ces divertissemens ne peuvent s'accommoder à l'esprit de la religion que nous professons, & aux devoirs d'un chrestien: que ce qui fait qu'ils ont tant de defenseurs, est la crainte que l'homme a qu'on ne diminuë le nombre de ses plaisirs: que c'est en vain qu'on se figure que les chrestiens ne s'en abstiennent, que parce qu'estant resolus de souffrir la mort pour la foy, ils renoncent à toutes les voluptez de la vie, afin de l'aimer moins, & de n'estre point retenus par les plaisirs, qui sont comme les liens qui nous y attachent; mais qu'ils s'en abstiennent, parce qu'encore que ces divertissemens ne soient pas défendus en termes exprés dans l'Ecriture sainte, neanmoins ils ne laissent pas d'y estre suffisamment condamnez,

1. Dans les passages qui nous défendent de suivre les desirs déreglez de la convoitise, & de satisfaire nos passions. Car il est cer- « *Chap. 14.* tain, dit-il, que la recherche des « plaisirs est une des plus violentes « passions de l'homme, & qu'entre « les plaisirs celuy des spectacles est « un de ceux qui le transportent da- « vantage. «

2. Dans les passages qui nous obligent de tendre toûjours à la perfection, laquelle consiste dans l'assujetissement des passions à la

R ij

grace; ce qui ne se peut acquerir qu'en éloignant de l'esprit tout ce qui peut servir à les fortifier & à les y entretenir. Parce que, dit-il, *Chap. 15. & 16.* " les spectacles font revivre les pas-
" sions dans les cœurs les plus mor-
" tifiez, il les y raniment, il les y for-
" tifient, & aprés avoir mis ceux qui
" les regardent comme hors d'eux-
" mesmes, ils excitent en eux des
" mouvemens de haine, d'amour, de
" joye, de tristesse, qui sont d'autant
" plus déréglez, qu'on aime bien
" souvent ce qu'on devroit haïr, ou
" ce qui ne merite aucune estime, &
" qu'on hait au contraire ce qu'il
" n'est pas permis de haïr.

3. Dans les passages de l'Ecriture sainte, qui nous deffendent les moindres impuretez, & les moindres paroles deshonnestes ou fri-
Chap. 17. " volles. Car pourquoy, dit ce grand
" homme, seroit-il permis à un
" chrestien de voir representer sur

un theatre des choses ausquelles il «
ne luy est pas seulement permis de «
penser, & d'entendre parler de ce «
qui ne doit pas mesme estre nom- «
mé devant luy ? «

Enfin Tertullien montre que
les spectacles ne peuvent estre
permis aux chrestiens, 1. par le ju- *Chap. 22.*
gement que les hommes font de
ceux qui les representent, & qui
passent dans leurs esprits pour des
gens infames; 2. par celuy que *Chap. 23.*
Dieu mesme en porte, n'y ayant
rien dans les spectacles qu'il ne
condamne; 3. parce que les specta- *Chap. 24.*
cles sont du nombre des pompes
du diable ausquelles nous avons
renoncé par le baptesme; 4. parce *Ibid.*
que les payens mesmes jugeoient
qu'un homme estoit devenu chrestien à cause qu'il s'en absentoit,
reconnoissant que l'instinct de la
pieté chrestienne éloignoit du
theatre ceux qui en faisoient pro-

R iij

fession ; 5. parce qu'il est impossible d'y conserver les sentimens de la pieté qu'un chrestien doit toûjours avoir dans le cœur ; 6. parce que tous les objets qui s'y presentent à luy ne sont propres qu'à le détourner de Dieu, & à l'attacher à la creature ; 7. parce qu'il est ridicule de pretendre en pouvoir faire un bon usage, & les rapporter à Dieu ; 8. parce que supposé qu'il y en eust d'honnestes, les chrestiens ne doivent toûjours les regarder que comme un miel envenimé, dont ils ne peuvent goûter sans danger de se donner la mort ; enfin parce que l'estat d'un chrestien en cette vie est de fuir tous les plaisirs, & de faire consister toute sa joye dans les larmes de la penitence, dans le pardon de ses pechez, dans la connoissance de la verité, & dans le mépris mesme de ses plaisirs.

Marginalia: Chap. 25. — Ibid. — Ibid. — Chap. 27. — Chap. 29.

Qu'y a-t-il, ma Sœur, dans tout ce que ce grand homme allegue contre les spectacles, qui ne se puisse dire des comedies d'aujourd'huy ? Les chrestiens de ce temps-cy sont-ils moins obligez que ceux du temps de Tertullien, à quitter les passions du siecle, & à mortifier en eux les desirs qui les portent à la recherche des plaisirs & des divertissemens ?

Sont-ils moins obligez que ceux des premiers siecles à travailler pour atteindre à la perfection de l'Evangile ; à affoiblir, & à mortifier en eux les passions de la chair ; & à éviter les objets qui les excitent, qui les entretiennent, & qui les fortifient ?

Sont-ils moins obligez que ceux des premiers siecles, à fuir tout ce qui peut blesser la pureté que Dieu demande d'eux ? Et leurs yeux & leurs oreilles doivent-elles estre moins chastes que leurs langues, ausquelles il n'est pas permis de proferer aucune parole vaine, & qui ne convienne point, comme dit S. Paul, à leur vocation?

Deplus, les Comediens de ce temps-cy sont-ils d'une autre consideration dans le monde, que ceux de ce temps-là? Quelle est, dit Tertullien, cette corruption qui fait que l'on aime ceux que les loix publiques condamnent; qu'on approuve ceux qu'elles méprisent; qu'on releve un art & un employ, en mesme temps qu'on note d'infamie ceux qui s'y addonnent? Quel est le jugement par lequel on couvre de confusion des gens pour une profession qui les rend recommandables? ou plûtost quel aveu ne fait-on pas par ce jugemēt de la corruption qui est inséparable de ce divertissement; puisque quelqu'agréables que soient

Chap. 22.

ceux qui le donnent, ils ne laissent «
pourtant pas de demeurer dans «
l'infamie dont on les a nottez? «

Qu'y a-t-il dans les comedies qui puisse estre agréable aux yeux de Dieu? Est-ce la pompe & la magnificence des habits? Est-ce l'addresse des Comediens à exciter en eux-mesmes & dans les autres des passions criminelles? Est-ce l'industrie avec laquelle les airs sont accommodez aux sujets, & rendus propres à fortifier ces mesmes passions? Est-ce l'artifice avec lequel le Poëte y a sçeu déguiser la verité, en y mélant des fictions fabuleuses, & des incidens assez heureusement imaginez? L'auteur de « *Chap. 23.*
la verité, dit Tertullien, n'aime «
point la fausseté ; & tout ce qui «
tient de la fiction passe pour une «
espece d'adultere devant luy. «

Ceux qui renoncent au monde, & qui sont vrayment touchez du

desir d'estre à Dieu, ne fuyent-ils pas les comedies cõme des écüeils tres-dangereux ? Et ne reconnoist-on pas qu'ils ont changé de vie, & qu'ils sont, pour ainsi dire, devenus chrestiens une seconde fois, en ce qu'ils refusent de se trouver dans ces lieux, qu'ils ne sçavent que trop leur avoir esté funestes.

Vn chrestien conservera-t-il dans la comedie les sentimens qu'il doit toûjours avoir dans le cœur, & aura-t'il l'esprit élevé vers Dieu dans un lieu, *où, comme dit Tertullien, il n'y a rien de Dieu*, & dans un temps où tous ses sens sont occupez à se repaistre du vain plaisir qui se presente à eux, & ses pensées appliquées aux gestes, aux paroles, & aux mouvemens des acteurs ?

Chap. 25.

Chap. 25.

Ce que Tertullien a estimé estre *le plus grand scandale* qui se trouvoit dans les spectacles des payens, ne se rencontre-t-il pas dans les comedies ? Les hommes & les femmes, les jeunes gens & les jeunes filles, ne s'y trouvent-ils pas ensemble, & n'y vont-ils pas avec tout l'ajustement & l'agrément qui leur est possible ? N'y vont-ils pas, comme dit ce grand homme, avec cette seule disposition *d'y voir & d'y estre veus* ? Et l'approbation qu'ils donnent d'une commune voix aux Comediens, & la joye qu'ils ont de se rencontrer dans les mesmes sentimens, ne sont-ce pas comme autant d'étein- celles, qui augmentent le feu secret qui brûle dans leurs cœurs ? De sorte qu'on peut dire que chacun en sa maniere y joüe son personnage, & que bien souvent les acteurs ne font que representer ce qui se passe secrettement entre ceux & celles qui les regardent.

Tertullien ne dit donc rien con-

Ibid.

tre les spectacles des anciens, qui ne se puisse appliquer avec justice aux comedies de nostre temps. Et c'est ainsi, ma Sœur, que si je ne craignois de m'étendre trop, n'ayant point entrepris d'écrire contre les comedies, mais seulement de vous montrer l'obligation que vous avez d'en détourner vos enfans, je vous ferois voir que tout ce que S. Cyprien ou l'auteur du traitté des spectacles, qui est entre ses ouvrages ; tout ce que Salvien ; & tout ce que les autres Peres de l'Eglise ont dit contre les spectacles des anciens, retombe naturellement sur les comedies de ce temps-cy.

Ie vous ferois voir qu'on ne fait pas aujourd'huy une moindre profanation des saints Mysteres, en allant à la comedie les jours que l'on a communié, & *en y portant*, pour ainsi dire, *l'Eucharistie encore*

L'Aut. du traitté des spectac. par-

presente dans son sein: qu'on ne doit *pas moins craindre aujourd'huy d'apprendre à prattiquer ce qu'on s'accoutume à voir representer :* & que quand les comedies d'aujourd'huy n'auroient rien de criminel, elles ne laisseroient pourtant pas *d'emporter avec elles une vanité & une inutilité qui est aussy incompatible avec les devoirs des chrestiens* de ce temps-cy, qu'avec ceux des premiers chrestiens.

my les œuv. de S. Cypr.

Ie sçay bien que les Peres ont insisté particulierement sur ce qu'il n'y avoit point de spectacle, qui ne fust dedié à quelque fausse divinité, & qui ne tinst dans son origine, ou dans son exécution, quelque chose de l'idolatrie.

Mais aussy je sçay, que si selon S. Paul, l'attachement que l'on a aux richesses est une espece d'idolatrie; celuy que l'on a au plaisir en est une d'autant plus dangereuse,

Gal.5.21.

qu'elle engage l'homme à se sacrifier luy-mesme à la volupté, qui est la plus infame de toutes les idoles.

Liv. 1. de ses Confess. chap. 17. n. 2.

Ie sçay que S. Augustin a dit, sur ce qu'on l'avoit exercé en sa jeunesse à reciter les fables des Poëtes, *qu'il y a plusieurs manieres differentes de sacrifier aux Anges rebelles*; & que si les comedies de ce temps-cy ne se representent pas en l'honneur d'un Mars, d'un Iupiter, & d'un Neptune, elles sont pourtant uniquement consacrées à l'amour prophane, au plaisir de ceux qui les regardent, & à l'avarice & à la cupidité de ceux qui les representent.

De sorte que ceux qui ont voulu rendre chrestienne la Comedie, en y mêlant les actions des Saints & des Saintes, ont fait à peu prés comme Pompée, lequel, au rapport de

Chap. 10. des Spect.

Tertullien, voyant que les Cen-

seurs Romains avoient fait abbattre plusieurs fois les theatres, parce qu'ils corrompoient les mœurs du peuple, & voulant empescher qu'ils ne détruisissent celuy qu'il avoit fait élever dans Rome, y fit bâtir un temple qu'il dedia à Venus, & appella cet édifice, non pas le theatre, mais *le temple de Venus*; & c'est ainsi, dit Tertul- «
lien, qu'en donnant ce titre spe- «
cieux à cet ouvrage, qui ne meri- «
toit que d'estre condamné, il élu- «
da par cette superstition les regle- «
mens que les Censeurs eussent pû «
faire, pour le faire abbattre. «

Mais supposé qu'il n'y ait rien dans les comedies qui puisse blesser l'innocence des jeunes gens, ni exciter en eux des passions dangereuses : supposé que de trente pieces de theatre il y en ait une qui ne blesse point ouvertement la pureté & l'innocence : supposé qu'il n'y ait rien dans les ajustemens, dans la nudité, & dans les gestes des Comediēnes, qui blesse la modestie, & qui ne réponde à la pureté & à la pieté des vierges qu'elles representent : supposé que les personnes qui y assistent ne puissent inspirer aux jeunes gens l'esprit du monde & de la vanité, qui éclate dans leurs ajustemens, dans leurs actions, & dans toute leur personne : supposé que tout ce qui se passe dans ces representations malheureuses ne porte point au mal ; que les paroles, les habits, le marcher, la voix, les chants, les regards, les mouvemens du corps, le son des instrumens, les sujets mesmes & les intrigues des comedies, enfin que tout n'y soit point plein de poison, & n'y respire point l'impureté : Vous ne devez pourtant pas laisser d'empescher vos enfans de s'y trouver ; parce, dit

DES ENFANS. *Chap. VIII.* 273

dit S. Chryſoſtome, que ce n'eſt « *Hom. 6.*
point à nous à paſſer le temps dans « *ſur Saint*
les ris, dans les divertiſſemens, & « *Matth.*
dans les delices. Ce n'eſt point là «
l'eſprit de ceux, qui ſont appellez à «
une vie celeſte, dont les noms ſont «
déja écrits dans cette éternelle ci- «
té, & qui font profeſſion d'une mi- «
lice toute ſpirituelle : mais c'eſt «
l'eſprit de ceux qui combattent «
ſous les enſeignes du demon. «

Oüy, mes Freres, ajoûte ce «
Saint, c'eſt le demon qui a fait un «
art de ces divertiſſemens & de ces «
jeux, pour attirer à luy les ſoldats «
de JESUS-CHRIST, & pour relâ- «
cher toute la vigueur & comme les «
nerfs de leur vertu. C'eſt pour ce «
ſujet qu'il a fait dreſſer des thea- «
tres dans les places publiques, & «
qu'exerçant & formant luy-meſ- «
me ces bouffons, il s'en ſert com- «
me d'une peſte dont il infecte tou- «
te la ville. S. Paul nous a défendu «

S

„ les paroles impertinentes, & cel-
„ les qui ne tendent qu'à un vain di-
„ vertiſſement : mais le demon nous
„ perſuade d'aimer les unes & les
„ autres.

„ Ce qui eſt encore plus dange-
„ reux eſt le ſujet pour lequel on
„ s'emporte dans ces ris immoderez.
„ Car auſſi-toſt que ces bouffons ri-
„ dicules ont proferé quelque blaſ-
„ phême, ou quelque parole des-
„ honneſte, on voit que les plus fous
„ ſont ravis de joye, & s'emportent
„ dans des éclats de rire. Ils leur ap-
„ plaudiſſent pour des choſes pour
„ leſquelles on les devroit lapider :
„ & ils s'attirent ainſi ſur eux-meſ-
„ mes, par ce deteſtable plaiſir, le
„ ſupplice d'un feu eternel. Car en
„ les loüant de ces folies, on leur
„ perſuade de les faire, & on ſe rend
„ encore plus digne qu'eux de la
„ condamnation qu'ils ont meritée.
„ Si tout le monde s'accordoit à ne

vouloir point regarder leurs sotti- « ses, ils cesseroient bien-tost de les « faire. Mais lors qu'ils vous voyent « tous les jours quitter vos occupa- « tions, vos travaux, & l'argent qui « vous en revient, en un mot renon- « cer à tout pour assister à ces specta- « cles, ils redoublent leur ardeur, & « ils s'appliquent bien davantage à « ces niaiseries. «

Vous voyez, ma Sœur, que S. Chrysostome, aussi bien que Tertullien, ne condamne pas seulement les comedies à cause de leur dissolution & de leur impureté, mais encore à cause qu'il n'est pas permis aux chrestiens de passer le temps dans les ris, dans les divertissemens, & dans les delices qui sont inséparables de ces spectacles ; qu'il les condamne, parce qu'on ne peut s'empescher d'y donner de l'approbation & de l'applaudissement à des choses pour

lesquelles les fidelles doivent avoir une souveraine horreur, & com-
„ me il ajoûte ensuite, parce que ce
„ sont ceux qui assistent à ces specta-
„ cles qui entretiennent la vie liber-
„ tine de ceux qui les representent,
„ qui les animent par leurs ravisse-
„ mens, par leurs éclats, & par leurs
„ loüanges, & qui travaillent en
„ toute maniere à embellir & à rele-
„ ver cet ouvrage du demon.

Et c'est sans doute ce qui a fait
Dans le liv. 6. du gouvern. de Dieu. „ dire à Salvien, que c'est comme
„ une espece d'apostasie de la foy, &
„ une prévarication mortelle de ses
„ sacremens, que d'aller à la come-
„ die. Car quelle est, dit cet Eves-
„ que, la premiere profession que
„ font les chrestiens dans le baptes-
„ me ? N'est-ce pas de renoncer au
„ diable, à ses pompes, à ses specta-
„ cles, & à ses œuvres ? Donc les
„ spectacles & les pompes sont selon
„ nostre propre confession les œu-

vres du diable. Et comment, ô « Chreſtien! peux-tu aller aux ſpe- « ctacles depuis ton baptesme, toy « qui confeſſe qu'ils ſont l'ouvrage « du demon ? Tu as renoncé une fois « au diable & à ſes ſpectacles : & par « conſequent il eſt neceſſaire, que « lors que tu retourne volontaire- « ment aux ſpectacles, tu confeſſe « que tu retourne ſous l'obeïſſance « du demon. «

Il faut donc, ma Sœur, inſpirer à vos enfans de l'horreur de la co- medie ; parce qu'elle eſt un diver- tiſſement dangereux, & indigne d'un chreſtien : il le faut, parce qu'il eſt bien difficile qu'ils n'y ſoüillent en meſme temps leurs yeux, leurs oreilles, & leur ame : il le faut, parce que les ſpectacles ſont du nombre de ces pompes du ſiecle, & de ces œuvres du diable, auſquelles ils ont ſolemnellement renoncé par leur baptesme : il le faut, parce qu'encore qu'il n'y ait rien que de feint dans ces representations, l'on ne laisse pas, com- « me remarque S. Augustin, de pren- « dre part à la joye de ces amans de « theatre, lors que par leurs artifi- « ces ils font réüssir leurs impudi- « ques desirs, & de se rendre crimi- « nel en se laissant toucher d'une « compassion folle pour celuy qui « s'afflige dans la perte qu'il a faite « d'une volupté pernicieuse & d'une « felicité miserable : Enfin il le faut, « parce qu'on ne prend point de « plaisir, comme remarque le mes- « me Saint, dans les comedies, si « l'on n'y est touché de ces avantu- « res poëtiques qui y sont represen- « tées, & dont cependant on est « d'autant plus touché, que l'on est « moins gueri de ses passions. De sorte que plus vos enfans témoigneront d'ardeur pour les comedies, moins leur devez-vous per-

Dans le liv. 3. de ses Conf. chap. 2.

mettre d'y aller; parce que cet empreſſement meſme eſt une marque de l'inclination qu'ils ont au luxe, à la pompe, à la ſenſualité, à la delicateſſe, à l'oiſiveté, à la moleſſe, aux artifices & aux déguiſemens, qui éclattent ſur les theatres, & que vous devez vous efforcer de bannir de leur cœur.

Ie ne doute point que vos enfans n'ayent des inclinations toutes contraires à ces pratiques. Mais c'eſt pour cela meſme que vous devez eſtre ferme, & ne vous point éloigner de cette diſcipline & de cette crainte du Seigneur, dans laquelle S. Paul vous ordonne de les élever, de peur qu'ils ne s'engagent inſenſiblement dans ces deſordres, & qu'ils ne viennent enfin à rechercher ces divertiſſemens criminels. Et je puis dire en cette rencontre ce que S. Auguſtin a dit à l'égard des prieres que l'on pre-

sente à Dieu pour obtenir des biens qu'il prévoit devoir estre causes de nostre perte, & que
,, pour cela il nous refuse : Qu'ils
,, pleurent tant qu'ils voudront,
', qu'ils se lamentent tout le long du
,, jour ; vous avez de la bonté pour
,, eux si vous ne les écoutez pas, &
,, vous leur estes cruelle si vous les
,, exaucez.

Dernier Avis

Qu'il faut particulierement se proposer dans l'education de ses enfans de les porter à se consacrer à Dieu, & à le servir.

VOvs n'aurez pas de peine à détourner vos enfans de tous les precipices, que je viens de marquer, & que le monde leur presente, si vous vous souvenez que vous ne les devez aimer qu'en Dieu, & que pour Dieu: c'est-à-dire, pour me

DES ENFANS. *Chap. VIII.* 281
servir de l'expression de Salvien, que vous ne pouvez mieux aimer ces gages precieux que vous avez entre vos mains, qu'en les aimant dans celuy-là mesme de qui vous les avez receus. Et comment, ajoûte ce grand homme, Dieu a-t'il commandé aux peres & aux meres d'aimer leurs enfans? Je ne le veux pas dire moy-mesme; il faut que ce soit l'Ecriture sainte qui le leur apprenne, puisque s'addressant à tous les peres & à toutes les meres, elle leur ordonne d'apprendre à leurs enfans à mettre toute leur esperance en Dieu, à n'oublier jamais les effets de sa puissance, & de sa misericorde, & à rechercher toûjours avec soin la connoissance de sa sainte volonté. Voilà quelles sont les richesses que Dieu aime, & qu'il veut que les peres & les meres laissent à leurs enfans, sçavoir la foy, la crainte

Liv. 1. de l'Ep. qu'il a addressée à toute l'Eglise.

Psal. 77.

„ de Dieu, la modeſtie, & la ſainteté;
„ & non pas des biens terreſtres, &
„ periſſables. N'occupez donc pas
„ la charité que vous devez à vos
„ enfans à leur amaſſer des richeſſes
„ temporelles. Vous ne leur pouvez
„ procurer rien de plus grand ni de
„ plus precieux, que de leur procu-
„ rer les biens eternels, qu'ils ne
„ pourront jamais perdre. Il n'eſt
„ point neceſſaire que vous leur a-
„ maſſiez des treſors. Rien ne les
„ rendra plus riches, que ſi vous les
„ faites devenir le threſor de Dieu
„ meſme.

Et c'eſt icy, ma Sœur, l'avis le plus important que l'on puiſſe donner aux peres & aux meres; puiſque c'eſt ſur luy que roulent tous les autres, & que la fin principale que vous devez vous propoſer dans l'education de vos enfans, eſt de les rendre Saints, & de les porter autant qu'il eſt en vous à se consacrer entierement à Dieu, & à renoncer au monde.

L'Apostre S. Paul dit, que *si un pere croit qu'il luy est honteux de laisser passer à sa fille le temps de sa jeunesse sans la marier, & qu'il juge le devoir faire, il ne pechera pas, si agissant selon sa pensee il la marie. Mais celuy*, ajoûte cet Apostre, *qui n'estant engagé par aucune necessité, & qui se trouvant en un plein pouvoir de faire ce qu'il voudra, prend une ferme resolution dans son cœur, & juge luy-mesme qu'il doit conserver sa fille vierge, fait une bonne œuvre.* Ainsi, conclut-il, *celuy qui marie sa fille fait bien : mais celuy qui ne la marie pas fait encore mieux.*

Où vous voyez, ma Sœur, qu'encore que S. Paul ne blasme point les peres & les meres qui engagent leurs enfans dans le siecle, en leur y procurant quelque établissement par le moyen du mariage;

1. aux Cor. ch. 7. v. 36.

Vers. 37.

Ib. v. 38.

neanmoins il prefere la conduite de ceux qui ne les marient point, & qui prennent une ferme resolution dans leur cœur de porter leurs enfans à renoncer à ces sortes d'establissemens, & à embrasser la virginité.

Ce grand Apostre consideroit, *Ib. v. 25.* qu'encore qu'*il n'eust point receu de commandement du Seigneur qui obligeast à la virginité, il estoit pourtant* *Vers. 26.* *avantageux à l'homme, à cause des malheureuses necessitez de la vie presente, de ne se point marier.*

Vers. 29. Il consideroit *que ce qui reste de temps est court; & qu'ainsi ceux-mesmes qui ont des femmes doivent estre, comme n'en ayant point; ceux qui* *Vers. 30.* *pleurent, comme ne pleurant point; ceux qui se réjoüissent, comme ne se réjoüissant point; ceux qui achettent,* *Vers. 31.* *comme ne possedant point; & ceux qui usent de ce monde, comme n'en usant point.*

DES ENFANS. Chap. VIII. 285

Il consideroit *que celuy qui n'est point marié s'occupe aux choses du Seigneur, ayant soin de luy plaire; au lieu que celuy qui est marié a l'esprit occupé du soin des choses du monde, & de ce qu'il doit faire pour plaire à sa femme; & qu'il se trouve ainsi partagé & divisé. Que de mesme une femme qui n'est point mariée & une vierge a l'esprit occupé des choses du Seigneur, ne travaillant qu'à se conserver pure & sainte de corps & d'esprit; au lieu que celle qui est mariée a l'esprit occupé du soin des choses du monde, & de ce qu'elle doit faire pour plaire à son mary.*   *Vers. 32.*   *Vers. 33.*   *Vers. 34.*

Toutes ces considerations faisoient desirer à S. Paul que *tous les hommes fussent en l'estat où il estoit luy-mesme, & qu'ils fussent degagez de soins & d'inquietudes*, n'ayant pas dessein, comme il le declare luy-mesme, *de les lier par ses paroles, ni de leur imposer aucune necessité*,   *Ib. v. 7.*   *Vers. 32.*   *Vers. 35.*

mais seulement *de les porter à ce qui est de plus pur, & qui leur donne un moyen plus facile de s'attacher à Dieu sans aucune distraction.*

Et c'est dans cet esprit qu'il loüe la conduite des peres & des meres, qui prennent une ferme resolution dans leurs cœurs de conserver leurs enfans vierges, & de ne les point engager au mariage; parce que par ce moyen ils les portent à ce qui est de plus pur, & à ce qui leur donne un moyen plus facile de s'attacher à Dieu sans aucune distraction.

Et c'est à quoy les peres & les meres sont particulierement obligez selon la judicieuse remarque qu'en a faite S. Gaudence Evesque de Bresse. Car ce grand Saint, aprés avoir declaré dans un de ses
,, Sermons, que les peres & les meres
,, ne peuvent point forcer la volon-
,, té de leurs enfans, dans ce qui re-

garde le choix du mariage, ou de "
l'estat de continence, il ajoûte "
cette reflexion : Ie ne veux pas, "
dit-il, que les peres & les meres, "
ou que les autres parents des vier- "
ges, soit des garçons, soit des fil- "
les, se flattent de ce que je dis, "
qu'ils doivent laisser leurs enfans "
dans la liberté de ce choix, & "
qu'ils ne peuvent pas dominer sur "
leurs esprits à cet égard. Car il est "
vray qu'ils ne leur peuvent pas "
commander une continence per- "
petuelle, parce que c'est une cho- "
se qui doit estre toute volontaire : "
mais ils peuvent, lors qu'ils sont "
encore jeunes, élever & nourrir "
leur volonté dans l'amour de ce "
qui est de plus parfait. Ils doivent "
les porter par leurs avertissemens "
& leurs exhortations à ce mesme "
amour, l'allumer en eux, & l'y en- "
tretenir ; avoir bien plus d'empres- "
sement de les engager au service "

„ de Dieu, que non pas au siecle;
„ & offrir de leurs garçons pour ser-
„ vir dans le Clergé au ministere des
„ Autels, & de leurs filles dans les
„ Monasteres des Religieuses, afin
„ qu'elles s'y consacrent à la chaste-
„ té. C'est ainsi qu'en ornant l'Egli-
„ se par les fruits d'une sainte educa-
„ tion, ils pouront acquerir le bon-
„ heur qui est promis dans l'Ecriture
„ sainte à celuy qui a de sa posterité
„ dans Sion, & de sa famille dans
„ Ierusalem.

 Plûst à Dieu, ma Sœur, que les peres & les meres eussent ces sentimens si avant gravez dans leurs cœurs, qu'on pust les restablir aujourd'huy dans la possession, où ils estoient dans l'ancien Testament, & dans les premiers siecles de l'Eglise, d'offrir à Dieu leurs enfans, & de les consacrer entierement à son service dés leurs plus tendres années.

Ce

DES ENFANS. *Chap. VIII.* 289

Ce pouvoir des peres & des meres sur leurs enfans a particulierement éclatté dans le temps, où les Monasteres de S. Benoist ont esté le plus remplis de sainteté. Car ils les mettoient dans ces écoles saintes & dans ces heureuses retraites, pour y apprendre la science du Christianisme, & y estre à l'abry de la malice & de la corruption du siecle : & ils le faisoient avec tant de plenitude de volonté, qu'ils sembloient se dépoüiller, en les y mettant, de tous les sentimens de la chair & du sang, & renoncer entierement au droit qu'ils pouvoient avoir sur eux. D'où vient qu'ils avoient accoustumé, ainsi qu'il est porté dans la regle de S. Benoist, d'envelopper la main de l'enfant qu'ils offroient de la nappe de l'Autel, comme pour marque que cet innocent prenoit Dieu, qui est representé par l'Au-
T

tel, pour son heritage.

Et parce que les richesses sont une des plus fortes tentations du siecle, & un des plus puissans moyens, dont le mõde se sert pour se faire aimer; les enfans estoient fait pauvres, & estoient dépoüillez des richesses pour jamais. Les Peres ne pouvoient plus leur faire part de leurs biens, qu'en donnant des aumônes à tout le Monastere: & mesme, afin qu'ils demeurassent heureusement engagez au service de Iesvs-Christ, sans esperance de retour, ils promettoient avec serment qu'ils ne les remettroient jamais en possession des biens qu'ils avoient quittez au monde.

Cette pratique estoit encore en usage dans l'onzième siecle, où nous trouvons que l'enfant, qui estoit offert, portoit une couronne, comme s'il eust esté déja Religieux, pour marque de la victoire qu'il alloit remporter sur le monde; & comme un autre Isaac il portoit dans ses mains, non du bois & du feu, mais une hostie & du vin, pour marque qu'il estoit luy-mesme une hostie consacrée à Dieu, & une hostie vivante & spirituelle.

Comme dans le baptesme les parains promettent pour les enfans, qu'ils renoncent au diable & à ses pompes : ainsi les peres promettoient, en présence de témoins, que leurs enfans demeureroient dans l'observance de la regle du Monastere ; ils protestoient qu'il n'estoit plus en leur pouvoir, aprés cette oblation, de rejetter le joug de la regle, auquel ils estoient assujettis ; & ils se servoient de cette formule-cy, qui est à peu prés la mesme dõt se servent encore aujourd'huy les Religieux

T ij

DE L'EDVCATION de S. Benoist dans leur profession : *Ie promets devant Dieu & ses Saints pour mon fils une stabilité perpetuelle dans ce Monastere, la conversion de ses mœurs, & une entiere obeissance. Ie promets par celuy qui vit eternellement, que je ne luy donneray aucune part en mes biens : mais je le desherite pour jamais & entierement.*

L'Eglise croyoit ces vœux des peres & des meres si avantageux aux enfans, qu'elle obligeoit ces mesmes enfans de les observer toute leur vie ; que les Saints ne mettoient point de difference entre se perdre & sortir d'un Monastere, où l'on estoit engagé de cette maniere ; & que les enfans n'avoient presque pas besoin d'autre profession, que de cette promesse solemnelle, par laquelle ils estoient consacrez à Dieu. D'où vient qu'il est dit dans le IV. Concile de Tolede, que soit qu'une personne soit engagée dans un Monastere par la devotion de son pere & de sa mere, ou par son propre choix, il est toûjours obligé d'y demeurer, sans qu'il luy soit permis d'en sortir pour rentrer dans le monde. D'où vient aussy que S. Isidore a dit, que celuy qui est mis dans un Monastere par son pere & sa mere, doit sçavoir qu'il est obligé d'y demeurer le reste de sa vie.

Il n'y avoit rien d'injuste, ni de trop rigoureux dans cette conduite : mais au contraire elle estoit pleine de justice, & tres-avantageuse aux enfans. Car si, selon les regles du droit, un pere peut dans une extréme necessité vendre son fils, & le faire pour jamais esclave des hommes, afin de se conserver à luy-mesme une vie temporelle : pourquoy ne sera-t-il pas permis par les regles de l'Evangile à ce mesme pere de les offrir à Dieu, &

de leur procurer une veritable liberté en les engageant à son service, dans le dessein de se procurer, aussi bien qu'à eux, une vie eternelle ?

Qui a-t-il dans cette action du costé du pere, qui ne soit saint, & conforme à ses devoirs ? Ce sacrifice estant fait avec une intention tres-sincere, & une pieté toute desinteressée, n'estoit-il pas une preuve convainquante, qu'il avoit changé l'amour naturel, que les peres ont pour leurs enfans, en une charité toute divine ; qu'il avoit surmonté ce desir si commun, que les hommes ont de conserver leur nom & leur famille, particulierement lorsque les enfans sont uniques, & que l'on possede de grands biens ; enfin qu'il avoit renoncé à ces consolations si douces, que l'on rencontre dans la conversation de ses propres enfans ?

Du cofté des enfans, cet engagement à la Religion eftoit-il à craindre ? Le joug de IESVS-CHRIST n'eft-il pas doux, & fon fardeau leger, particulierement aux enfans qui n'ont point encore efté foüillez par aucun vice, qui n'ont point encore efté corrompus par aucune mauvaife coûtume, qui dés leur enfance ont efté formez à la vertu, qui ont efté élevez dans la pieté, qui n'ont eu que de bons exemples devant leurs yeux, qui ont fuccé, pour ainfi dire, avec le laict les regles de la fainteté chreftienne, & qui ne connoiffant point le fiecle n'ont point pris de part à fes delices & à fes vanitez ?

Mais quelque fainte & quelque loüable que fuft cette pratique, il faut neanmoins demeurer d'accord, ma Sœur, que c'eft avec beaucoup de fageffe que l'Eglife a mis des bornes à la devotion des peres & des meres. Elle a considéré que ce qui estoit autrefois l'effet d'une grande & sincere devotion, n'estoit presque plus qu'un effet de l'avarice & de la cupidité; que les peres souvent en ce temps-cy ne cherchoient pas tant, en mettant leurs enfans dans les Monasteres, de les donner à Dieu, que de se décharger de ces enfans pour rendre les autres plus riches & plus accommodez dans le siecle. Et ainsi elle a aresté par ses loix leur autorité, & luy a donné des bornes, parce qu'ils la faisoient servir d'un costé à leur ambition, & de l'autre à opprimer la liberté de leurs propres enfans.

Elle ne leur a pourtant point osté le pouvoir de les mettre à quel âge ils veulent dans des Monasteres, de les y faire élever, & de les mettre en estat par cette heureuse retraite de marcher, & plus courageusement, & plus viste, & avec moins de peril vers le ciel, pourveu qu'ils n'ayent point d'autre veüe dans cette action, que sa gloire & le salut de leurs enfans, & qu'ils les offrent aux Monasteres dans l'indifference qu'ils soient Religieux & Religieuses, ou dans le monde, selon qu'il plaira à Dieu d'en disposer.

Mais il y a dans cette derniere pratique deux choses principales à observer pour y suivre l'esprit de l'Eglise. La premiere est le choix du Monastere. Car les peres & les meres, bien loin de procurer le salut de leurs enfans, les exposeroient à de tres-grands dangers de se perdre, s'ils n'avoient soin, en les mettant en des maisons religieuses, de voir si en effet ces maisons sont religieuses, & si on n'y engagera point leurs enfans à la religion par des persüasions toutes humaines, & par un esprit tout opposé à celuy de Dieu. En quoy il est d'autant plus important que les peres & les meres ne se laissent point tromper, que la moindre negligence seroit tres-criminelle devant Dieu dans une chose d'une si grande importance.

La seconde chose, que les peres & les meres doivent observer, est, lors que leurs enfans sont dans une maison vrayment religieuse, & d'une pieté solide & desinteressée, de ne les en point retirer pour retourner au monde, de crainte qu'en les ostant pour un temps à Iesvs-Christ, qui les leur demande pour les sanctifier, ils ne les donnent au siecle, qui les leur demande pour les corrompre.

Ie sçay qu'on ne manque point de pretextes specieux pour cela; qu'on dit qu'une vraye vocation doit estre éprouvée; que la grace triomphera au milieu des combats; qu'une resolution, qui est de Dieu, ne peut estre ébranlée, ni par la veüe du monde, ni par l'éclat des richesses; & que la prudence du S. Esprit, quand elle est dans une ame, ne peut estre trompée par les artifices de l'esprit de tenebres.

Mais aussy je sçay, ma Sœur, qu'il est dit dans l'Ecriture sainte, que *celuy qui cherche & aime le peril s'y perdra* : & que par consequẽt on ne peut, sans un tres-grand aveuglement, ramener dans le milieu du monde des Enfans qui en auroient esté saintement separez, & croire qu'ils ne peuvent se sanctifier dans un cloistre, à moins que le monde n'ait pas eu assez de forces pour les corrompre.

Dieu veut que nous nous éprouvions : mais non pas que nous nous mettions entre les mains du monde & du demon pour nous éprouver. Il nous commande au contraire de fuir ces ennemis mortels de nostre salut, de crainte de tomber dans leurs pieges ; de nous sauver dans la solitude, de crainte de perir avec Babylone ; & de cacher le tresor que nous avons trouvé, de peur qu'en le montrant, le demon, qui cherche sans cesse à faire des prises, ne l'emporte.

La prudence de l'Esprit de Dieu ne peut estre trompée : mais elle nous quitte, & nous abandonne, quand nous quittons sa maison & le lieu où elle nous éclairoit, pour entrer dans un lieu de tenebres & de crimes. Et si la charité qui est en nous ne pouvoit s'éteindre, l'Apostre ne nous avertiroit pas de ne laisser pas éteindre dans nostre cœur l'Esprit de Dieu.

Si Adam eut toûjours eu les yeux

fermez, il n'auroit point eu de cupidité à combattre, & il seroit demeuré dans une parfaite paix. C'est donc imiter la malice du demon, que d'ouvrir les yeux à des enfans, que la grace du second Adam a rendu innocens, pour leur faire voir les vanitez du siecle, pour les engager à de nouveaux combats, & pour leur oster la paix. Ce n'est pas éprouver leur vocation, c'est la leur faire perdre. Ce n'est pas essayer leurs forces, c'est les blesser & les faire mourir. Et bien loin de faire triompher en eux par cette conduite la grace de la Religion, on la rend inutile, & on l'esteint dans leurs cœurs, parce qu'elle n'est pas donnée pour sanctifier les hommes au milieu du monde, mais pour le leur faire abandonner.

Dans le temps de la persecution, la prudence Chrestienne enseignoit à fuir les bourreaux : & cette juste & humble crainte estoit la source de la force, que les Saints obtenoient de Dieu pour souffrir les plus cruels tourmens, quand ils tomboient malgré eux entre les mains de leurs ennemis. Qui doute que les persecutions spirituelles du monde, qui corrompent les ames, ne soient encore plus dangereuses, & ne doivent estre évitées avec plus de soin : & que les caresses de la volupté, que l'abondance des richesses, que les pompes & le luxe de l'ambition ne soient des tyrans qui font mourir plus d'ames que les Nerons & les Diocletiens ne faisoient mourir de corps ?

Quel est donc le malheur de ceux que l'on expose à cette cruauté ? & quelle est l'imprudence des peres & des meres qui poussent leurs enfans dans ce precipice ? Ils estoient à couvert dans le Mo-

DES ENFANS. *Chap. VIII.* 303
naſtere des ſurpriſes de leurs ennemis. Les prieres continuelles, le
travail, & le ſoin charitable des
perſonnes qui les ſouſtenoient, &
par leur exemple, & par leurs orai-
ſons, & par leurs avertiſſemens,
eſtoient comme autant de bou-
cliers, dont ils eſtoient environ-
nez, & qui les rendoiẽt invincibles
contre le demon : N'eſt-ce donc
pas les engager au combat, aprés
les avoir dépoüillez de leurs armes & de leurs forces, que de les
retirer de ces lieux ſaints, & de ces
ſaintes pratiques?

Les plaiſirs, les flatteries des
hommes, mille ſpectacles de vanité les environnent. Ils n'entendent plus que la voix de l'ambition
& de la moleſſe. Ils ne voyent rien
que ce que leur montrent les anges de Satan, qui les jettent dans
l'aveuglement, ou les trompent
par de fauſſes lumieres. Ils ſont au

milieu de la boüe ; & l'on voudroit qu'ils n'en receussent aucune tache. Ils sont au milieu des feux, & l'on pretend qu'ils y soient conservez par un miracle semblable à celuy qui préserva les trois enfans du milieu de la fournaise de Babilone.

Vous voyez bien, ma Sœur, que cette prétention est tout-à-fait déraisonnable, & qu'elle n'est point du tout conforme aux principes du Christianisme. Observez donc inviolablement, à l'égard des enfans que vous destinerez au service de Dieu, les deux choses que je viens de marquer. Ne les mettez que dans des maisons bien reglées, & ne les forcez point d'en sortir sous quelque prétexte que ce soit.

Laissez agir la grace de IESVS-CHRIST dans ces jeunes cœurs, selon l'estenduë de sa bonté. Laissez-les écouter à loisir la voix qui les appelle.

appelle. Donnez-leur tout le tẽps neceſſaire pour diſcerner ce qu'il demande d'eux : & à moins que vous ne voiyez clairement qu'il ne les appelle point à la religion, & que des perſonnes de ſcience & de pieté ne vous en aſſurent, ne les en retirez point ; de peur que par une fauſſe prudence, ou par une trop grande précipitation, vous n'arrachiez de la maiſon de Iesvs-Christ une de ſes épouſes, pour l'expoſer à la corruption du monde.

Enfin s'ils n'ont pas aſſez de courage pour ſe ſacrifier à Dieu, & qu'ils veüillent rentrer dans le monde, recevez-les avec la douceur & la charité que vous leur devez ; mais ne ſouffrez pas qu'ils deviennent des victimes du demon. S'ils n'ont pas pû ſuivre Iesvs-Christ dans les exercices de la vie religieuſe, n'endurez pas

V

306 DE L'EDVCATION

qu'ils s'en détournent, pour suivre les maximes du siecle. Et s'ils n'ont pû se mettre en estat de recevoir les graces abondantes, & les faveurs que Dieu communique aux ames, qui se détachent de tout pour s'unir plus étroitement à luy, faites vostre possible pour empescher qu'en s'engageant dans les desordres qui regnent dans le monde, ils n'attirent sur eux les effets redoutables de sa colere & de sa vengeance.

CHAPITRE IX.

En quel âge ces Maximes & ces Avis doivent estre appliquez.

OVR ce qui est du temps, ma Sœur, où vous devez principalement reduire en pratique toutes ces Maximes & tous ces Avis, c'est celuy qui semble communément le moins propre pour acquerir la vertu, & pour en connoistre les beautez & les excellences ; je veux dire celuy de l'enfance.

C'est ce que le S. Esprit nous insinüe luy-mesme par la bouche de Salomon, qui dit, *qu'on jugera aisément de l'innocence & de la vertu d'un jeune homme par les choses où il s'affectionnera dans son enfance.* Il

Dans les Prov. ch. 21. v. 11.

veut dire par là que les parents, & ceux qui auront esté chargez de l'education des enfans, seront inexcusables, si les enfans ne deviennent pas vertueux sous leur conduite ; puis qu'ils ont pû facilement prevenir leurs desordres, en appliquant des remedes salutaires aux premiers accés de leurs maux, & qu'ils ont pû arracher dans leurs plus tendres années la semence de toutes ces mauvaises productions, qui commence à y germer & à y paroistre.

Et c'est ce que l'Ecclesiastique declare encore plus nettement, quand il dit : *Vous avez des enfans, instruisez-les & les courbez dés leur enfance.* Où vous voyez, ma Sœur, que le S. Esprit fait allusion aux arbres, & qu'il veut donner à entendre, que de mesme quil faut dresser & plier les arbres lors qu'ils sont encore jeunes, de crain-

Chap. 7. v. 25.

te que differant trop long-temps il ne soit plus aisé de les rompre, que de les courber : ainsy les enfans qui, selon le langage du Roy Prophete, *sont autour de la table de leurs parens comme de nouveaux plants d'oliviers*, doivent entrer sous la discipline de leurs peres & de leurs meres, en mesme temps qu'ils sortent des langes & des bras de leurs nourrisses ; & qu'on ne doit pas moins leur apprendre à marcher vers le ciel, qu'on les instruit à marcher sur la terre. De sorte que de mesme qu'on leur fait rendre à leurs peres, à leurs meres, & aux personnes qui se presentent à eux, les petites marques de respect & d'honneur dont ils sont capables, quoiqu'ils ne sçachent pas les raisons qu'ils ont de les preferer aux autres : ainsi on les doit acoûtumer à rendre à Dieu de petits témoignages de pieté, & à pratiquer de

Pseau. 127. v. 4.

foibles actions de vertu, bien qu'ils ne puissent pas encore comprendre les obligations qu'ils ont à sa divine Majesté, ni l'excellence de la vertu.

Dans le liv. 3. qu'il a fait contre ceux qui blasmoient la vie Monastique.

" Il ne falloit pas attendre, dit S. Iean Chrysostome, que nos enfans fussent grands, afin de leur donner de la crainte: mais il falloit les regler, les instruire, les former dés leur enfance, & ils n'eussent jamais eu besoin de nos menaces ni de nos rigueurs. Nous nous comportons à leur égard de mesme que si un Medecin n'ayant rien dit à un malade, qu'il voyoit tomber en langueur, & ne luy ayant point ordonné de remedes pour le guerir, lors qu'ils pouvoient avoir leur effet, luy en ordonnoit un grand nombre quand les parties nobles seroient corrompuës par la maladie, & qu'elle seroit devenüe incurable.

Tout le mal que nous voyons, "*Hom. 46.*
dit-il en un autre endroit, vient de "*sur la 1.*
nostre lascheté & de nostre negli- "*Epist.*
gence, & de ce que nous ne tra- "*Tim.*
vaillons pas dans les plus tendres "
années de nos enfans à les former "
à la pieté. Nous nous donnons "
beaucoup de peine pour les faire "
instruire dans les arts & dans les "
sciences profanes. Nous leur pro- "
curons de tout nostre possible des "
emplois considerables dans la cour "
& dans les armées. Nous leur "
amassons du bien. Nous leur aque- "
rons des amis. Enfin nous faisons "
tous nos efforts pour les rendre "
considerables dans le monde : mais "
nous ne prenons aucun soin de "
leur acquerir la faveur & l'amour "
du Roy des Anges, ni de leur faire "
obtenir un jour un rang honnora- "
ble dans la cour celeste. "

Et en effet si les parens accoû- "
tumoient de bonne heure leurs en- "

„ fans au joug d'une sainte discipli-
„ ne, lors qu'ils sont encore jeunes;
„ s'ils prenoient la peine de les ran-
„ ger peu à peu à leur devoir, quand
„ ils commencent à estre fascheux &
„ difficiles à conduire; s'ils taschoient
„ de guerir les maladies de leurs
„ ames, lors qu'elles ne sont pas en-
„ core enracinées, & d'arracher
„ leurs passions avant qu'elles se for-
„ tifiassent, nous n'aurions que faire,
„ ni de loix, ni de jugemens, ni de
„ peines, ni de supplices, ni de chasti-
„ mens: car la loy, comme dit S. Paul,
„ n'est pas faite pour le juste. Mais
„ parce que nous negligeons leur
„ education, nous les enveloppons
„ dans une infinité de malheurs, &
„ souvant nous les livrons nous-mes-
„ mes aux bourreaux, & les pré-
„ cipitons dans l'enfer.

Dans le Christianisme la maxi-
me d'une sage & d'une prudente
conduite, est de faire toutes cho-

fes & de ne rien oublier pour affermir nostre nature contre les attaques des vices. Mais le moyen, ma Sœur, de réüssir dans une si sainte entreprise, à moins que de se saisir de toutes les avenües, & de rendre la vertu maistresse absoluë de ces jeunes cœurs par un prompt éloignement de tout ce qui y peut faire la moindre impression vicieuse?

Il est vray que les enfans ne sont pas capables de distinguer la vertu, du vice, & qu'ils n'ont pas encore l'usage de la raison. Mais cependant, comme remarque un celebre Theologien, ils peuvent « contracter selon les idées & les « phantosmes qu'ils reçoivent par « l'education de leurs parens, une « certaine pente, & une certaine in- « clination qui leur sera beaucoup « favorable ou nuisible, lors qu'ayant « l'usage de leur liberté il faudra «

„ qu'ils s'appliquent au vice ou à la
„ vertu, qu'ils fassent un bon ou un
„ mauvais choix, &, comme dit S.
„ Basile, que dans le mesme temps
„ que la raison leur dictera le bien
„ qu'ils doivent faire, l'habitude &
„ la coûtume leur en facilite l'exe-
„ cution.

Dans ses grādes regles. Regl. 10.

Et ne pensez pas, ma Sœur, que cecy soit peu considerable; puisque si, dans le sentiment de S. Thomas, & de plusieurs autres Theologiens, l'homme est obligé par un precepte naturel, sous peine de peché mortel, de se convertir à Dieu aussi-tost qu'il a l'usage parfait de la raison; il ne se peut que ce qui sert de disposition à une action si importante, ne soit de la derniere consequence.

Qui est le pere, qui connoissant que son fils doit courir risque de la vie, ou tomber entre les mains des

DES ENFANS. *Chap. IX.* 315
ennemis en passant par un lieu, ne tâche de mettre sa personne en seureté, & de le munir contre les dangers qui le menacent ? Et qui est la mere dont la fille estant chargée de pierres precieuses ne veille avec beaucoup de soin, de crainte que les voleurs ne les luy enlevent ?

On ne peut douter que le demon n'employe toutes son industrie pour faire perdre à un enfant la grace de son baptesme, & qu'il ne tâche de le déterminer d'abord au choix du vice. Et puis qu'il n'a point de plus fortes armes pour nous vaincre que nos propres inclinations ; peut-on douter qu'il ne vienne aisément about de son dessein, s'il trouve celles d'un enfant toutes portées à la vanité & à l'amour des plaisirs & des pompes du siecle ?

C'est ce qui fait dire à S. Gre-

Dans le 4. liv. de ses dialogues, ch. 18.

„ goire le grand, qu'encore qu'il „ faille croire pieusement que les „ enfans baptisez, qui meurent dans „ l'enfance, entrent au Royaume des „ cieux, on ne doit pourtant pas s'i-„ maginer que tous ceux qui sça-„ vent parler soient sauvez ; parce „ qu'il y en a quelques-uns à qui les „ peres & les meres ferment l'en-„ trée du ciel par la mauvaise edu-„ cation qu'ils leur donnent. Et aprés avoir rapporté l'épouvantable châtiment que Dieu prit dans la ville de Rome, d'un pere qui avoit souffert que son fils âgé de cinq ans blasphemast le nom de Dieu, il dit ces étonnan-„ tes paroles : C'est ainsi que Dieu „ voulut faire connoistre à ce mal-„ heureux pere combien il estoit „ coupable, & qu'il voulut luy faire „ entendre qu'en negligeant l'ame „ de ce petit enfant, il nourrissoit „ un grand pecheur pour les flammes eternelles. Ce sont ses propres termes.

Et c'est sans doute ce qui obligea en partie cette prudente mere, que l'Apostre S. Pierre propose à toutes les femmes chrestiennes pour leur modele, je veux dire Sara, de presser Abraham de chasser Agar & son fils de son logis, parce qu'elle craignoit que son fils Isaac ne vint à se corrompre avec celuy-cy, & qu'ils ne contractassent ensemble de mauvaises habitudes. Dieu-mesme approuva le zele de cette sainte mere, & commanda à son mary de ne point improuver la conduite de sa femme, & de la croire en ce qu'elle luy proposoit à l'avantage de son fils.

Dans sa 1. Epist. chap. 3. v. 2.

Dans la Gen. ch. 21. v. 12.

En effet de mesme qu'un petit égarement, dont on ne s'est pas apperceu dans le commencement de son chemin, éloigne extremement du lieu, où l'on vouloit aller, &

qu'une petite bréche negligée à une digue, cause dans la suitte de grands ravages : ainsi un petit mal devient mortel, si on n'y apporte promptement du remede, & ce qui n'estoit dans l'enfance qu'une simple affection pour des choses indifferentes, devient dans un âge plus avancé une violente amour pour des choses défendües.

Dans l'Epist. à Lein. Le beau langage de la mere de Graccus avoit, dit S. Ierosme, beaucoup contribué à son éloquence. Hortence avoit appris à bien parler dans sa maison. Et Alexandre le grand ne pût se défaire des vices d'un Gouverneur qu'il avoit eu en son enfance, quoiqu'il fust tres-puissant, & qu'il eust conquis toute la terre. Ce qui montre combien il est difficile d'effacer de l'esprit d'un jeune homme les teintures qu'il a prises dans son enfance ; qu'il conserve presque toûjours les premieres impressions qu'il a receües ; & comme dit S. Irenée, que ce qu'on apprend dans cet âge devient comme une mesme chose avec nostre ame, & se change pour ainsi dire, en sa substance.

« *Epistre à* « *Florin.*
«
«
«
«

C'est ce qui a fait dire à un des plus éclairez d'entre les payens, qu'une des choses à quoy l'on doit sur tout prendre garde dans l'education des enfans, qu'on veut laisser long-temps entre les mains de leurs nourrices, est aux choix que l'on fait de ces nourrisses. Car, dit-il, il faut qu'elles soient fort sages : & l'on doit autant qu'il est possible prendre celles qui ont de meilleures qualitez, & dont les mœurs sont mieux reglées. Mais quoiqu'on doive principalement avoir égard à leur bonne conduite, il ne faut pas laisser d'examiner leur façon de parler. Car ce

« *Quintilien.*
«
«
«
«
«
«
«
«
«
«
«
«
«
«
«
«

» sont elles que les enfans entendent
» parler les premieres, & dont ils
» taschent d'imiter le langage : &
» naturellement nous retenons bien
» plus fortement les choses que nous
» apprenons dans nos plus tendres
» années ; de mesme qu'un vase,
» qui vient d'estre fait, conserve
» presque toûjours l'odeur de la pre-
» miere liqueur que l'on y a mise. Il
» arrive mesme que les mauvaises
» qualitez s'attachent, pour ainsi di-
» re, bien plus fortement à la sub-
» stance des choses, & que le mal
» fait bien plus d'impression que le
» bien. Le bien mesme se change fa-
» cilement en mal : au lieu qu'il est
» tres-rare que les habitudes vitieu-
» ses se tournent en bien.

C'est aussi ce qui fait que Platon n'ordonne pas seulement qu'on s'attache avec beaucoup de soin & de vigilance à l'education des enfans dés l'âge de trois ans ; mais encore

encore, qu'il recommande extrémement aux meres d'estre libres pendant leur grossesse de toutes sortes d'alteration, & generalement aux peres & aux meres d'estre exempts le plus qu'ils peuvent de toutes passions ; de crainte que communiquant aux corps de leurs enfans les affections qui dominent en eux, elles ne passent jusques à leurs ames, & que leurs corps estant formez d'un sang ardent de colere, ou brûlant d'un feu impudique, ou qu'estant conceus dans un sein rempli d'orgueil & de vanité, leurs ames n'ayent des inclinations que pour la vengeance, l'impureté, & l'ambition.

Aussy voyons-nous, ma Sœur, que Dieu a donné une benediction toute particuliere aux enfans, qui luy ont esté consacrez dans le sein de leurs meres. Samson, Samüel, & S. Iean Baptiste dans l'ancien

Testament; S. Augustin, S. Bernard, & S. Thomas d'Aquin dans le nouveau, sont des preuves autentiques des avantages que l'on tire de cette sainte pratique. Et il est tres-certain que Dieu ne méprise point une devotion si raisonnable, & une pieté si bien reglée; mais qu'au contraire il preste sa main toute puissante pour aider les peres & les meres, qui en usent de la sorte, à faire de leurs enfans de parfaites copies de son fils, & qu'il fait contribuer toutes choses à leur sainteté.

S. Chrysost. liv. I. vôtre ceux qui blasment la vie Monast.

Mais pour dire ingenument les choses comme je les pense, & Dieu veüille que ce ne soit point comme on les fait communément, il y a beaucoup de peres & de meres qui apprehenderoient pour leurs enfans une grace si signalée; & les plus raisonnables demeureront bien d'accord qu'il faut suivre ces importantes maximes à l'égard de ceux que l'on destine à l'Eglise ou à la Religion ; mais non pas à l'égard de ceux que l'on regarde comme le soûtien de la famille, & les heritiers des charges, des biens, & des honneurs d'une maison. Permettez-moy donc, ma Sœur, que je leve le bandeau de dessus leurs yeux, & que je les desabuse icy d'une erreur si dangereuse dans l'education des enfans.

CHAPITRE X.

Qu'il faut principalement suivre ces Maximes & ces Avis dans l'education des Enfans que l'on destine au monde.

ETTE proposition suit necessairemēt de celles que nous avons avancées. Car si tous les Chrestiens doivent, comme on n'en peut douter, tendre à la mesme perfection, il est sans doute qu'il ne doit point avoir de difference dans leur education.

Mais je ne prétends pas seulement qu'il doit y avoir de l'égalité entre ceux que l'on destine à mener une vie commune, & ceux que l'on consacre à une profession plus particuliere de pieté. Ie soûtiens que l'on doit s'attacher avec plus de soin à l'education des premiers, qu'à celle des seconds; & que si les peres & les meres sont touchez de l'interest public, de la gloire de leurs enfans, & du salut de leurs ames, ils ne doivent negliger aucune des maximes, ni aucuns des avis que nous avons tirez de l'Ecriture & des Peres, dans l'education de ceux qu'ils destinent au siecle.

Pour vous faire comprendre combien l'interest des Republiques & des Royaumes est engagé dans la parfaite education de ceux, qui doivent remplir les dignitez, & posseder les plus hauts emplois; je n'ay qu'à vous conjurer, aprés un Pere de l'Eglise, de jetter la veüe sur ceux, qui ont introduit dans le monde tous les desordres qui s'y sont glissez, & de considerer qui sont ceux qui les suivent: *S. Chrysost. liv. 3. contre ceux qui blasment la vie Monastique.*

Si ce sont ceux qui ont appris à vivre dans le repos & dans la retraite; ou ceux qui inventent de nouveaux plaisirs & de nouveaux divertissements: Ceux, qui subsistant honnestement de leur patrimoine, sont satisfaits des commoditez que Dieu leur a données; ou ceux qui ne s'étudient qu'à s'enrichir du bien des pauvres: Ceux qui sont satisfaits d'un train & d'une table mediocre, & qui soit seulement pour la necessité; ou ceux qui veulent un train magnifique & une table superbement couverte & ouverte à tout le monde. Et pour parler plus chrestiennement, si ce sont ceux qui vivent avec une grande douceur & une grande modestie, qui ne pensent qu'à se soûmettre & à se laisser conduire, qui s'estiment les derniers des hommes, & cherchent les places les moins honnorables, qui ont toûjours devant les yeux la vanité du monde, & le neant des creatures; ou ceux qui se font respecter, & qui se rendent terribles par leurs injustices & par leurs violences, qui veulent commander à tout le monde, & qui n'oubliant rien pour usurper les magistratures, ne se souviennent presque plus qu'ils sont hommes, tant ils sont enflez d'orgueil, & pleins d'estime pour eux-mesmes.

Que si ce sont les derniers qui renversent les Estats, qui troublent les familles, qui causent les meurtres, les servitudes, & tous les malheurs qui nous font gémir; & s'ils n'arrivent à cette extremité d'injustice, que parce qu'on a negligé leur education : n'est-il pas évident qu'il est de l'interest des Royaumes, que chaque pere de famille suive les regles que nous avons prescrites; qu'en les prati-

quant fidellement ils faſſent entrer leurs enfans dans les ſentimens des premiers ; & comme dit
„ S. Chryſoſtome, qu'ils les rendent
„ par leurs ſoins de brillantes lumie-
„ res, qui éclairent au milieu des te-
„ nebres que les vices répandent
„ dans le ſiecle, & qui montrent le
„ chemin du ciel à tant de malheu-
„ reux, qui s'égarent, & qui ſe per-
„ dent ?

C'eſt le ſecond motif ſur lequel la propoſition que j'ay avancée eſt eſtablie, & d'où je tire l'obligation que les peres & les meres ont d'élever ſelon les maximes des Peres de l'Egliſe les enfans qu'ils deſtinent au monde. Car il eſt conſtant que la vertu a cet avantage, qu'elle ſe fait eſtimer de ſes propres ennemis, & que ſi elle n'a pas aſſez de bonheur, ni de charmes pour gagner le cœur de tous les hommes, elle a aſſez de force pour attirer leur admiration.

Ne voyons-nous pas que l'humilité & la douceur dans les artisans contentent plus que leur adresse & leur industrie ? S'il y a un juge incorruptible, n'est-il pas desiré de tout le monde pour arbitre de leur vie & de leur fortune ? Et ceux-là, dit S. Chrysostome, ne sont-ils pas mieux venus dans la Cour des Souverains, qui ont moins d'ambition, & moins d'amour pour le commandement ?

Ne craignez point que la modestie de vos filles dans les habits, que leur retenuë dans les compagnies, & que le peu d'habitude qu'elles auront avec les jeunes gens, les fassent moins estimer ou rechercher en mariage. Leur simplicité, leur douceur, leur amour pour les choses qui regardent le bon gouvernement d'une famille, & leur mépris pour les ornemens du siecle, les feront mieux connoistre, que la vanité & la galanterie. Et si les hommes cherchent, pour se divertir, celles qui vivent selon les maximes du monde ; ils ne veulent pour femmes que celles qui suivent les loix de l'Evangile, qui aiment la retraitte, & qui n'ont point d'attachement aux modes & aux pompes du siecle.

Cette fidelité à suivre les maximes des SS. Peres, dans l'education des enfans qu'on destine au monde, n'est pas seulement avantageuse pour leur acquerir l'amour & l'estime de tous les peuples ; mais elle est mesme plus necessaire pour le salut de leur ame, que pour le salut de celles des enfans qui sont destinez aux cloistres & à la retraitte. La seule comparaison dont se sert S. Chrysostome, suffit pour prouver cette proposition. De mesme, dit ce Pere,

Dans l'hom. 21. sur l'Epistre aux Ephes.

que celuy qui demeure toûjours «
dans le port n'a pas besoin d'un «
pilote aussy experimenté, d'un si «
grand nombre de matelots, & «
d'un vaisseau aussy-bien équippé, «
que celuy qui est toûjours en mer, «
& qui doit resister aux vents & aux «
tempestes : ainsi celuy qui est «
destiné à la solitude ayant à me- «
ner une vie tranquille & exempte «
de troubles & d'inquietudes, n'a «
pas besoin de tant de forces, ni de «
tant de lumieres, que celuy qui a «
à soûtenir les efforts les plus puis- «
sans de la chair, du monde, & du «
diable. «

Que si ces irreconciliables ennemis de nos ames dressent leurs plus fortes batteries contr'eux dans leurs plus tendres années : ceux qui introduisent leurs enfans dans le siecle, sans leur avoir appris dans leur plus bas âge à mépriser les plaisirs, les richesses, & les honneurs, ne les exposent-ils pas tout nuds & sans armes à la cruauté de ces mesmes ennemis ?

Il faut donc les dresser au combat dés leur enfance, leur découvrir les ruses & les finesses de leurs ennemis, leur apprendre les moyēs de les surprendre & de s'en défaire, leur faire connoistre qu'il est presque impossible de conserver une santé parfaite au milieu de la contagion, & que vivant dans le monde il faut toûjours estre vainqueur, ou toûjours vaincu.

Comment pourront-ils se deffendre de l'ambition, voyant que tous les autres tâchent de s'agrandir, s'ils ne sont fortement persüadez du peu de solidité qu'il y a dans l'établissement qu'on se propose dans le monde ? Pourront-ils n'avoir que de l'indifference pour les complaisances affectées, & les attraits de celles qui tâcheront de surprendre leur amitié pour posseder leurs personnes & leurs biens, s'ils ne sont parfaitement convaincus de l'obligation qu'ils ont de ne s'attacher qu'à Dieu, & de le preferer à toutes choses? Ou plutost n'estant point solidement establis dans la pieté, & dans la crainte de Dieu, ne se laisseront-ils pas emporter à l'exemple & à la coûtume ; & en perdant par les habitudes vicieuses qu'ils contracteront leur salut eternel, ne feront-ils pas une malheureuse experience de la verité de ces paroles de S. Ierosme: Qu'il est tres-aisé de devenir semblable aux méchans, & d'imiter en peu de temps les vices de ceux, à la vertu desquels on ne peut atteindre?

" *Epistre à*
" *Leta, touchant l'e-*
" *ducation*
" *de sa fille.*
"

CHAPITRE XI.

Les moyens qui facilitent l'application de ces Maximes & de ces Avis, dans l'education chreſtienne des Enfans.

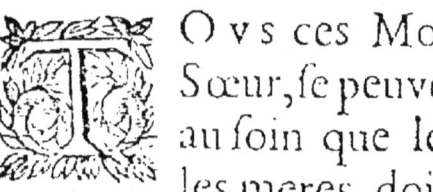OVS ces Moyens, ma Sœur, ſe peuvent reduire au ſoin que les peres & les meres doivent avoir d'inſtruire eux-meſmes leurs enfans. Mais parce que nous ne recevôs d'inſtruction que par le moyen de la parole, de la lecture, & des actions; il vous ſera aiſé d'élever vos enfans ſelon les maximes des Peres de l'Egliſe, ſi vous les entretenez des choſes que vous devez, ſi vous leur faites faire la lecture des livres qui leur ſeront utiles, & ſi vous leur donnez vous-meſme des exemples qu'ils puiſſent ſuivre.

I. MOYEN.

La parole.

C'Est une chose que l'on ne peut assez déplorer, de ce que maintenant les peres & les meres s'étudient si peu à rendre chrestiennes les conversatiōs qu'ils ont avec leurs enfans & avec leurs domestiques. Il semble qu'ils n'osent leur découvrir les sentimens qu'ils ont pour Dieu : ils se cachent d'eux pour le prier, & pour s'acquiter des moindres devoirs du Christianisme : & comme si Dieu ne les avoit pas mis dans leurs maisons pour éclairer tous ceux qui y entrent & qui y demeurent, ils leur dérobent leurs lumieres, & contribuent par une conduite si peu reguliere à former les tenebres, qui sont répandües dans tout le monde.

Cette malheureuse conduite fait qu'on ne s'entretient ordinairement que de bagatelles, & de choses inutiles; que pour fournir à la conversation, on examine les actions du prochain, on les censure, on découvre les criminelles, & celles qui estoient inconnües; que tous les entretiens ne sont que des profanations, & des enchaisnemens de médisance, de mensonge, de vanité, & de volupté; & que ce qui devroit estre comme la communion sensible des Saints en IESVS-CHIST, & l'image & l'expression de la communion & de la societé que nous avons commencée avec Dieu, & avec IESVS-CHRIST par le baptesme, devient une source de malice, & n'est en effet qu'une suite de cette conversation miserable que nos premiers parens eurent avec le demon, laquelle a causé la ruine de toute leur

Dans la 1. Epist. de S. Iean, chap. 1. v. 3.

leur posterité, & qui a rendu tous leurs enfans des enfans d'ire & de colere. *Aux Ephes. ch. 2. v. 3.*

Faut-il donc s'étonner que la plufpart des enfans des Chreftiens vivent dans de fi grands déreglemens : qu'ils fçachent fi parfaitement ce qui eft neceffaire pour frequenter les compagnies, & pour fe rendre agréables ; & qu'ils connoiffent fi peu ce qui eft neceffaire pour aller au ciel, & pour plaire à Iesvs-Christ : qu'ils n'ignorent rien des modes & des coûtumes, que la vanité & la flatterie ont introduites dans le monde ; & qu'ils foient fi mal inftruits dans les regles de l'Evangile, & dans l'ufage des ceremonies de l'Eglife.

Il y a long-temps, ma Sœur, que Dieu a voulu apporter du remede à ce defordre.

Dans la loy de nature, il ordonna, felon la tradition que nous te-

Y

nons de S. Ierosme, que ce seroient les aisnez des familles qui seroient élevez au Sacerdoce ; qu'ils y seroient initiez par leurs propres parens, & qu'ils n'auroient point d'autres docteurs qu'eux des veritez qu'ils devoient croire, & des fonctions qu'ils devoient exercer. C'est pour cela, que quand il fut prest de tirer vengeance des crimes de Sodome & de Gomorre, *Dans la Genese, ch. 18. v. 18.* il dit qu'il ne pouvoit cacher à Abraham ce dessein, parce qu'il sçavoit qu'il se serviroit de cet exemple épouvantable, pour commander à ses enfans & à tous ses domestiques de marcher aprés luy dans la voie de ses ordonnances, & de vivre saintement ; voulant donner à entendre par là aux peres & aux meres, que le moyen de devenir ses familiers amis, & de l'obliger à leur découvrir ses secrets, & à ne leur pouvoir rien celer,

DES ENFANS. *Chap. XI.* 339
estoit le soin qu'ils auroient d'instruire leur famille.

Dans la loy de Moyse, en mesme temps que Dieu ordonna des jours de festes, & des solemnitez, il commenda aux parens d'instruire leurs enfans des ceremonies qui s'y observoient, & de leur apprendre les raisons & les motifs, qui ont donné lieu à leur institution. C'est ainsi qu'aprés avoir prescrit aux Israëlites ce qu'ils devoient garder en mengeant l'Agneau paschal, il leur commanda de faire le recit ce jour-là à leurs enfans de ce qu'il avoit fait en leur faveur, pour les tirer de l'Egypte & de la tyrannie de Pharaon. Il voulut que tous les ans ils fissent la feste des Tabernacles, & qu'ils demeurassent sept jours entiers sous des tentes faites avec des branches de Citroniers, de Myrthes, de Palmes & de Saules, afin que leurs en-

Dans l'Exode, chap. 13. v. 8.

Y ij

fans apprissent que Dieu avoit conservé leurs Ancestres l'espace de quarante ans dans le desert sous des tentes & des pavillons. Enfin il leur ordonna de luy offrir tous les premiers nez d'entre les mâles, tant des hommes que des animaux, afin que leurs enfans surpris de ces presens si extraordinaires & si frequens, se fissent instruire de la cause de ces ceremonies; &, comme dit le texte sacré, que les peres & les meres eussent toûjours à la bouche le recit des bienfaits qu'ils avoient receus de Dieu, & qu'ils prissent de là occasion d'apprendre à leurs enfans sa loy, & de la leur faire estimer selon le commandement plus particulier qu'il leur en fait dans le Deuteronosme, où il leur ordonne d'enseigner à leurs enfans à mediter toutes ses ordonnances, & de les instruire, non seulement estant as-

Chap. 6. 7. 11. 19.

fis dans leur logis, mais mesme en entrant, & en sortant du lit ; en marchant dans les rües, & en faisant voyage.

Vous porterez, leur dit-il, *ces commandemens, que je vous donne, profondement gravez dans vostre cœur: vous les apprendrez à vos enfans : & quand vous serez en repos dans vostre logis, vous en ferez le sujet de vos meditations.*

Gravez, leur dit-il encore, *mes loix dans vos cœurs & dans vos ames; mettez-les comme un cachet entre vos doigts ; ayez-les toûjours devant vos yeux ; & apprenez à vos enfans la maniere de mediter sur mes commandemens.*

Dans la loy de la grace, l'Eglise qui est animée du mesme esprit renouvelle tous les ans la memoire des mysteres que Iesus-Christ a operez pour nous, & elle tâche de nous remettre devant les yeux, par beaucoup de ceremonies & de signes sensibles, les merveilles qui ont esté cachées si long-temps aux yeux des Anges, & dont ils n'ont esté informez que par le ministere de cette sainte Epouse.

Il est vray qu'elle destine particulierement ses pasteurs pour les expliquer à ses enfans. Mais aussy ce que dit S. Chrysostome n'est pas moins veritable: Que les chefs de famille ne doivent pas s'en remettre entierement sur ceux de l'Eglise: Que pour eux à la verité ils doivent estre instruits par les Predicateurs de l'Evangile; mais qu'aprés cela ils doivent instruire leurs enfans, & comme ces charitables oyseaux, dont parle ce mesme Docteur, ayant oüi quelque chose d'utile pour la nourriture de leurs ames, l'apporter dans leurs maisons sur le bout de leur langue, pour le leur communiquer.

Dans l'hom. 9. sur le 3. ch. aux Coloss.

C'est ce qui fait dire au venerable Bede, dans le discours qu'il a fait sur les Pasteurs qui veilloient lors que le Sauveur naquit. Ne " vous figurez pas qu'il n'y ait point " d'autres Pasteurs que les Evesques, " les Prestres, les Diacres, & les Su- " perieurs des Monasteres. Car tous " les fidelles, qui ont la conduite de " leur famille, sont veritablement " pasteurs ; puis qu'ils sont establis " pour commander, & pour avoir " soin de toute leur famille : & celuy " d'entre vous qui a quelque autori- " té sur un ou sur deux de ses freres, " est asseurément obligé d'exercer à " leur égard l'office de pasteur, & " de les repaistre autant qu'il peut " de la parole de Dieu. Et je diray " bien davantage : Vn chacun de " vous, mes freres, quoi qu'il soit " dans une vie privée, ne laisse pas " d'estre pasteur, puisqu'il repaist un " troupeau spirituel, & qu'il veille "

Dans l'hom. de la Nativ. de N. S.

„ la nuit pour le conserver, s'il tâ-
„ che veritablement de faire un
„ grand amas de saintes actions &
„ de bonnes pensées, s'il le gouver-
„ ne avec prudence, s'il employe
„ tout son soin pour le nourrir &
„ l'entretenir de la pâture delicieuse
„ des saintes Ecritures ; & s'il veille
„ continüellement à la garde de ce
„ saint troupeau, pour le défendre
„ contre les attaques de Sathan.

S. Chrysostome dit la mesme chose dans un de ses Sermons, où aprés avoir rapporté les paroles de IESUS-CHRIST à saint Pierre : *Si vous m'aimez, paissez mes brebis*, il
„ dit, qu'on ne doit pas regarder ces
„ paroles comme estant dites seule-
„ ment pour les Pasteurs de l'Eglise.
„ Elles le sont, ajoûte-t-il, pour cha-
„ cun de nous, à qui IESUS-CHRIST
„ n'a commis qu'un petit troupeau ;
„ mais qui pour estre petit ne doit
„ pas estre negligé, puisque IESUS-

Serm. 77. sur S. Matt.

DES ENFANS. Chap. XI. 345

Christ dit luy-mesme que son «
Pere celeste y trouve son plaisir & «
ses delices. Chacun de vous dans «
sa famille a quelque brebis : qu'il «
ait soin de les conduire & de les «
nourrir. Aussi-tost qu'un pere est «
levé du lit, qu'il ne pense à autre «
chose jusqu'au soir, qu'à faire & à «
dire ce qui peut cõtribuer au bien, «
& à l'avancement de sa famille. «
Qu'une femme ait le mesme soin. «
Il est bon qu'elle pense à son mé- «
nage ; mais qu'elle s'applique en- «
core davantage au salut de toute «
sa maison, & qu'elle ait soin que «
chacun se sauve, & travaille à ga- «
gner le ciel. «

Vous ne devez donc pas croire, ma Sœur, avoir satisfait à l'obligation que vous avez d'instruire vos enfans, parce que vous les envoyez aux catechismes, qu'ils vous suivent dans les Eglises, qu'ils assistent avec vous aux predications,

& qu'ils recitent fidelement des abregez de la doctrine chrestienne. Il faut de plus, en leur faisant rendre compte de ce qu'ils ont appris, examiner s'ils le comprennent ; & parce qu'ils ne font pas capables d'en faire seuls un bon usage, il faut que vous appliquiez vous-mesme aux petits besoins de leurs ames ce qui leur a plû davantage, ou ce qui les a le plus touchez. Il faut en faire des preservatifs contre les vices où vous voyez qu'ils penchent davantage, & des remedes contre les imperfections, qui leur sont les plus ordinaires. Il faut, par des paroles pleines de tendresse & de douceur, leur inspirer l'amour des vertus, qui y ont esté loüées, l'horreur des vices que l'on y a condamnez, & les laisser toûjours dans une faim sacrée de cette celeste nourriture ; je veux dire dans le desir d'entendre la parole de Dieu, que vous exciterez par de petites recompenses, & par une honneste liberté que vous leur donnerez de se divertir, lors qu'ils auront bien retenu ce que vous leur aurez dit, ou ce qu'ils auront entendu des autres.

Prevenez les solemnitez pour les instruire des mysteres, dont on y celebre la memoire; & accommodez-vous à leur âge pour les faire entrer dans l'esprit & dans la pratique des vertus, que l'on y honnore. Entretenez-les souvent de la vie & des actions de IESVS-CHRIST; & repetez-leur souvent ce que la tradition & l'Evangile nous apprennent de celles de sa sainte Mere. Et parce que les enfans sont fort portez à entendre le recit des choses qu'ils peuvent le moins imiter, & des éuenemens accompagnez d'horreur & de crainte: racontez-leur les combats des

Martyrs, les tentations des Anacoretes, les miracles des Confesseurs. Et comme il n'y a presque point de jours où l'Eglise ne propose à mediter à ses enfans la vie de quelque Saint, ou de quelque Sainte ; qu'il ne se passe point de soirée où vous ne rapportiez aux vostres quelque action de vertu, & que vous ne leur prescriviez quelque petite pratique de pieté pour le lendemain. Le Confesseur de S. Loüis, qui a écrit la vie de ce grand Roy, dit que tous les jours au soir il faisoit venir ses enfans dans sa chambre, & qu'il leur disoit toûjours quelques paroles édifiantes avant que de les renvoyer.

Pourquoy au temps de la naissance de Iesvs-Christ, en leur representant le froid que le petit Iesvs endura dans la créche, ne les exciterez-vous pas à souffrir pour son amour l'incommodité de la saison, & le froid qu'ils endurent à l'école, ou à l'Eglise?

S'ils se plaignent de ce qu'on leur refuse ce qu'ils desirent : pourquoy ne leur direz-vous pas ? Hé bien, mes enfans, considerez combien vous avez d'autres choses. Helas! Nostre Sauveur n'avoit pas un petit lit comme vous pour se coucher, ni de beau linge, ni une bonne robe pour se vestir. Il estoit presque tout nud dans une créche & sur de la paille : & cependant toutes choses luy appartenoient, & il n'a pas voulu s'en servir quoiqu'il ait bien voulu nous en laisser l'usage. Ne faut-il donc pas se passer de quelque petite chose pour son amour? Allez, il sçaura bien vous le rendre dans le ciel.

S'ils ont de la peine à vous suivre à l'Eglise, dites-leur, qu'ils sont bien éloignez de faire comme

Noſtre Seigneur, qui ſe déroba de ſes parens pour demeurer au Temple, & qui faiſoit tous les ans un long voyage pour y aller avec eux.

En S. Luc, ch. 2. v. 41.

S'ils témoignent quelque impatience dans leurs petits maux, dites-leur : Helas ! mes enfans, vous eſtes bien éloignez de ſouffrir les tourmens, que tant de Saints ont endurez pour IESVS-CHRIST. Comment ſouffrirez-vous donc le martyre quand vous ſerez grands, ſi vous n'endurez pas une piqueure ? Et ſi vous ne pouvez ſouffrir un petit coup de voſtre frere ou de voſtre sœur ; comment preſenterez-vous l'autre de vos joües à ceux qui vous auront donné un ſoufflet?

Inſpirez-leur un grand amour, & une grande eſtime pour leur petiteſſe & pour l'enfance. Repetez-leur ſouvent ce qu'il y a davantageux dans l'Evangile pour les enfans. Dites-leur que Noſtre Seigneur reprit ses Apostres de ce *En S. Matt.* qu'ils empeschoient d'approcher *ch. 18. & 19.* de luy des enfans comme eux; qu'il en prit un pour mettre au milieu de ses Disciples; & qu'il a dit plusieurs fois qu'il faloit estre comme eux pour entrer dans le ciel; Et ainsi en mesme temps que leurs corps croistront, faites qu'ils conservent dans leur ame un grand amour pour les qualitez & les dispositions de l'enfance.

Elevez-les dans un grand respect & dans une grande confiance pour leurs Anges gardiens. Qu'ils sçachent principalement la vie du Saint dont ils portent le nom, & l'obligation qu'ils ont de l'imiter. Et comme il est dit de JESUS-CHRIST qu'il crût dans la maison *Dans S. Luc,* & sous la conduite de sa sainte Me- *chap. 2.* re en sagesse, & en âge, & en grace devant Dieu & devant les hommes; que vos enfans avancent par vos soins peu à peu dans la connoissance des mysteres, & que dans vos entretiens & dans vos instructions toutes choses vous servent, comme dit S. Paul, *pour les faire croistre en* Iesus-Christ.

Aux Ephes. ch. 4. v. 15.

Sur tout apprenez-leur à preferer Dieu & ses commandemens à toutes choses. Dites-leur souvent qu'ils doivent avoir pour luy bien plus de tendresse & de respect, que pour vous-mesme. Imitez cette excellente mere, dont il est parlé dans le 2. livre des Macabées, laquelle pour encourager ses enfans à souffrir constamment les tourmens qu'ils enduroient pour la défense de la religion judaïque, les excitoit à regarder Dieu comme leur pere, & à s'estimer heureux d'offrir leur vie en sacrifice pour la gloire de celuy de qui ils l'avoient receüe, & qui leur en preparoit une bien plus heureuse. Imitez

DES ENFANS. *Chap. XI.* 353
tez l'artifice admirable dont elle se servit pour fortifier le plus jeune de ses sept enfans, que le tyran luy avoit ordonné de détourner du dessein de mourir; & servez-vous, comme elle, de la consideration des choses que vous avez faites pour vos enfans, afin de les engager à perseverer dans la vertu. *Ayez compassion mon fils*, luy dit-elle, *d'une mere qui vous a porté dans son sein, qui vous a nourri des années entieres du lait de ses mammelles, & qui vous a élevé avec tendresse jusqu'à cette heure. Ie vous demande, mon fils, par toutes ces considerations, que vous éleviez vostre cœur & vos yeux vers le Ciel, & qu'imitant vos freres vous receviez la mort avec joye, afin que je puisse avoir la satisfaction de vous voir participant de leur gloire.*

2. *Machab.* 7. 27.

C'est ainsi que vous ne devez vous servir du pouvoir que la reconnoissance & l'amour vous don-

Z

neront sur l'esprit de vos enfans, que pour les engager à s'élever à Dieu, & à l'honorer comme celuy-là seul, à qui ils sont redevables de la charité & du soin avec lequel vous les avez élevez. Et parce qu'il y a des occasions dans la vie, où la tendresse & le respect, que les enfans ont pour leurs peres & pour leurs meres, leur servent de scandale, & les empeschent d'aimer & de suivre la verité; faites-leur connoistre qu'il n'y a que Dieu seul, à qui nous devions une déference entiere, & sans aucune condition; qu'il n'y a point de personnes, d'estat, de dignité, ny de profession dans cette vie, que l'on ne doive aimer avec limitation ; & qu'ainsi ils ne vous doivent ni obeïssance ni complaisance dans les choses qui seroient contraires à la loy de Dieu. Repetez-leur souvent, & leur expliquez ces paroles de Noſtre Seigneur dans l'Evangile : *Si quelqu'un vient à moy, & ne hait pas ſon pere, & ſa mere, & ſa femme, & ſes freres, & ſes ſœurs, & deplus encore ſa propre vie, il ne peut eſtre mon diſciple.* Luc.14.26.

Surquoy S. Hilaire dit ces admirables paroles. Ce diſcours de Iesvs-Christ paroiſt dur, & il ſemble que ce ſoit un commandement rude & inſupportable, de forcer & d'engager à une eſpece d'impieté envers les peres & les meres, comme au plus haut degré de la perfection chreſtienne. Cependant Dieu ne cõmande en cela rien de dur, ni d'impie, ni de cõtraire à ſes autres commandemens. Et les peres & les meres ne ſe peuvent offenſer de ce qu'il nous ordonne de les haïr, quoique nous leur devions en cette qualité beaucoup de tendreſſe & d'affection ; puiſqu'il nous eſt auſſy ordonné de

Sur ces paroles du Pſ. 18. Iniquos odio habui.

» nous haïr nous-mesmes. Iesvs-
» Christ sçavoit qu'il y a plusieurs
» peres & plusieurs meres, qui ont un
» amour pour leurs enfans si incon-
» sideré, que lors qu'ils voyent qu'ils
» perseverent dans la gloire du mar-
» tyre, ils les conjurent de ceder au
» temps ; ils les prient de changer de
» sentiment ; & ils employent pour
» les affoiblir les mouvemens d'une
» pieté toute déreglée. Ainsi la hai-
» ne, dit ce grand Saint, que les en-
» fans conçoivent alors pour leurs
» peres & pour leurs meres, est hon-
» norable ; & il est juste & avanta-
» geux de haïr ceux, qui s'efforcent
» de nous détourner de l'amour de
» Iesvs-Christ.

Evitez donc, ma Sœur, le def-
faut que ce Saint reprend dans les
peres & dans les meres, & dont ils
ont beaucoup de peine à se défendre, s'ils n'ont un zele tout-à-fait
sincere & desinteressé pour leurs

enfans. Imitez ces peres & ces meres des premiers siecles de l'Eglise, qui ont fait paroistre une si grande joye, lors qu'ils ont veu leurs enfans prests d'estre sacrifiez pour la défense de la verité, & pour la cause de IESVS-CHRIST. Lisez, je vous prie, les vies des Saints, & l'histoire de l'Eglise ; & vous y verrez un grand nombre de ces exemples de constance & de fermeté.

Vous y verrez une sainte mere, nommée Theodote, laquelle aprés avoir encouragé son fils aisné à souffrir constamment les maux qu'on luy faisoit endurer pour la foy, & l'avoir exhorté avec beaucoup d'ardeur à considerer qu'il acquereroit par ces souffrances passageres un bon-heur eternel, fut jettée dans le feu avec ce cher fils, & deux autres enfans qu'elle avoit.

Vous y verrez une sainte Mere,

laquelle ayant un fils appellé Meliton, entre les quarante Martyrs de Sebaste, qui avoient esté exposez tout nuds sur un estang glacé dans la plus grande rigueur de l'hiver, & dans une region où le froid est extréme ; & voyant qu'encore qu'on luy eust cassé les jambes, comme à ses autres compagnons, qui avoient expiré dans ce dernier supplice, il estoit pourtant encore en vie, ne se contenta pas de l'exhorter à la perseverance, mais ensuite ayant remarqué qu'on jettoit sur des chariots les corps des autres martyrs, afin de les porter sur un bucher, où ils devoient estre reduits en cendres, & qu'on laissoit son fils dans l'esperance de le resoudre à adorer les idoles, elle le prit sur ses espaules pour le porter elle-mesme sur le bucher, & ce cher fils estant expiré entre ses bras, elle continüa son chemin, & le jetta sur ce bucher ardent avec les corps des autres martyrs, afin qu'il eut comme eux la gloire d'estre reduit en cendres pour les interests de Iesvs-Christ, & que les bourreaux perdissent par-là le vain espoir qu'ils avoient conceu de le corrompre, & de luy faire renoncer Iesvs-Christ.

Vous y verrez une Dame de qualité nommée Denyse, dont l'exemple, au rapport de S. Victor Evesque d'Vtique, qui a fait l'histoire des Martyrs de l'Eglise d'Afrique persecutée par les Vandales, fut la cause du salut de presque tout son pays, & laquelle voyant que son fils unique nommé Majorique, qui estoit fort delicat & fort jeune, commençoit à trembler par l'apprehension des supplices qu'elle enduroit, lança sur luy des regards si perçans, & employa avec

Liv. 3. ch. 3. de son histoire.

tant de force l'authorité maternelle pour le reprendre, qu'elle le rendit encore plus fort qu'elle : de sorte que ce jeune Saint combatit avec joye, & qu'estant demeuré victorieux des tourmens, & de la mort, il recueillit la palme du martyre. Aprés qu'il fut expiré, cette genereuse mere l'ayant embrassé comme une hostie sainte, qu'elle avoit offerte à Dieu, & à laquelle elle souhaitoit avec ardeur d'estre réünie pour jamais, l'emporta chez elle, le fit enterrer dans son logis, & prioit presque continüellement sur son tombeau.

Que ces actions, ma Sœur, sont heroïques ; & que la charité, qui les a produites, estoit pure & desinteressée ! Qu'il y paroist de zele, de constance, & de fermeté ! Et que ces saintes meres sçavoient bien aimer leurs enfans, puisqu'elles ne se sont servies de la parole &

de l'autorité qu'elles avoient sur eux, que pour les encourager à confesser Iesvs-Christ, & à ne rougir point de l'Evangile!

Mais parce que, selon la remarque d'un S. Pere, les discours dont on se sert pour exciter à la vertu, portent avec eux je ne sçay quoy de rebutant pour ceux, à qui ils s'addressent ; & que quelque douceur dont on les accompagne, ils causent toûjours de la tristesse ou de l'abattement dans leurs esprits : vous vous servirez, ma Sœur, d'un autre moyen, que de la parole, pour les instruire, & vous gagnerez adroitement, par la lecture, ce que la crainte de les lasser vous auroit obligé de leur taire.

"*S. Chrysost. hom. 20. sur l'Epist. aux Ephes.*

II. Moyen.

La lecture.

Faites lire à vos enfans l'histoire de l'Ecriture sainte, le Nouveau Testament, les Actes & les Epistres des Apostres. S. Chrysostome, dont je vas vous rapporter les propres paroles, ne reconnoist point d'autre cause de tous les maux qui se commettent au monde, que l'ignorance des saintes Ecritures. Ecoutez, dit ce Pere, vous autres qui estes engagez dans le siecle, & qui avez une famille & des enfans à gouverner, comme S. Paul vous recommande particulierement de lire l'Ecriture sainte avec une grande assiduité. Ne pensez pas que la lecture du texte sacré soit inutile à vostre fils. Vne des premieres choses, qu'il y verra, sera l'obligation qu'il a de

Dans l'hom. 9. sur l'Epist. aux Coloss.

Dans l'ho-mel. 21. sur l'epist. aux Ephes. ch. 5.

vous honnorer : & sans doute que «
Dieu l'a permis ainsi, afin que vous «
ne puissiez pas dire, que c'est seu- «
lement aux solitaires & aux Reli- «
gieux à la lire. Ne dites point que «
vous n'avez pas dessein que vostre «
fils soit Religieux, & par conse- «
quent qu'il n'a pas besoin de cette «
lecture ; puisque vous devez du «
moins en faire un bon chrestien, «
& que ce sont principalement les «
enfans qui sont destinez à vivre «
dans le monde, à qui la science de «
l'Ecriture sainte est necessaire. «

Il y a, dit le mesme Saint, beau- «
coup de foiblesse & beaucoup «
d'inclination au vice dans les en- «
fans : cette foiblesse & cette pente «
dangereuse s'augmente tous les «
jours par l'impression qu'ils reçoi- «
vent des choses qu'ils apprennent. «
Quel mauvais effet ne peut donc «
point faire dans un jeune homme, «
de sçavoir que ces Heros de l'anti- «

» quité, qu'ils admirent, ont aimé
» le vin & la bonne chere ; qu'ils ont
» esté esclaves de leurs passions, &
» que les motifs qu'ils ont eus dans
» toutes leurs entreprises, ont esté
» ceux de l'orgueil & de l'ambition ?
» Ainsi faites-leur chercher du con-
» tre-poison dans l'Ecriture sainte ;
» & dés leur plus tendre enfance ap-
» pliquez-les à cette sainte lecture.

» Ie voy bien qu'il semble que je
» me mocque, parce que je redis
» toûjours la mesme chose. Cepen-
» dant je ne cesseray jamais de faire
» ce qui est en moy pour rendre vos
Dans l'ho- » enfans de parfaits chrestiens. Ap-
mel. 9. sur » prenez-leur pour cet effet à chan-
l'epist. aux » ter les Pseaumes de David. Ces
Coloss. ch. » cantiques spirituels estant pleins
3. » de cette divine & sublime philoso-
» phie, que IESVS CHRIST est venu
» apprendre aux hommes, les instrui-
Dans le » ront, en les divertissant. Ils y ap-
Psea. 1. v. » prendront d'abord à fuir la com-
1. & v. 14.

pagnie des méchans, & à cher-«
cher celle des bons. Et comme il «
n'y a presque point de mysteres & «
de veritez dans le Christianisme, «
qui ne soient renfermées dans cet- «
te poësie sacrée, ils y voiront le «
peu de solidité qu'il y a dans tou- «
tes les creatures, la douceur & l'a- «
vantage qu'on trouve dans la pra- «
tique des vertus, & ce qu'ils sont «
obligez de rendre à Dieu & au «
prochain. C'est ainsi que les ac- «
coûtumant de bonne heure à goû- «
ter ces choses, vous les rendrez «
aisément capables des plus hautes «
veritez. Et de mesme que les fruits «
que portent les arbres tiennent «
beaucoup de la qualité de la terre «
où ils sont plantez, & des eaux qui «
les arrosent: ainsi les actions que «
feront vos enfans dans toute leur «
vie, & qui seront proprement les «
fruits de leurs ames, tiendront «
toûjours de la douceur & de la «

„ pureté de ces eaux salutaires, qu'ils
„ auront puisées pendant leur en-
„ fance dans les saintes Ecritures.

 Ie ne pense pas, ma Sœur, qu'il faille rien ajoûter à ces paroles sorties d'une bouche si sainte & si éloquente, dans une rencontre où le S. Esprit ne luy communiquoit pas seulement les lumieres qu'il répand sur tous ceux qui preschent l'Evangile ; mais où, selon le sentiment commun des Theologiens, il l'assistoit plus particulierement que tous les autres Docteurs, pour le faire entrer dans les sentimens qu'il avoit inspirez à S. Paul, & que ce grand Patriarche expliquoit à son peuple.

 Que si vous desirez connoistre davantage l'importance de ce second moyen que je vous donne; prenez la peine de lire dans l'excellente traduction qui a esté faite des Confessions de S. Augustin, quatre ou cinq des derniers chapitres du premier livre. Vous verrez que ce grand Saint, y examinant toutes les actions de sa vie à la faveur des lumieres de la grace qu'il avoit receües dans le baptesteſme, & qu'il avoit depuis toûjours fortifiée, fait voir que l'estude des Poëtes & des Auteurs profanes est à l'égard des enfans qu'on y engage, comme une mer « remplie de monstres & d'écueils, « où les mieux équippez font nau- « frage; & que les paroles les mieux « choisies & les plus éloquentes des « courtisans d'Auguste, ne sont que « des vases d'or pleins de venin, qui « nous sont presentez par des do- « cteurs yvres, & hors de sens. «

Vous verrez qu'il y traite d'idolatrie cette maniere d'instruire les enfans, & que s'adressant à Dieu comme pour se plaindre à sa divine Bonté de la tyrannie que l'on exerce sur leurs esprits, en leur inspirant le vice par ces estudes, il s'écrie, & dit ces admirables paroles. *Quoy donc, Seigneur, n'y avoit-il point d'autre moyen d'exercer mon esprit & ma langue? Sans doute, Seigneur, que si j'eusse découvert vos loüanges dans vos saintes Ecritures, & qu'on me les eust fait lire, elles eussent arresté mon cœur, & l'eussent attaché à vostre service: au lieu que pour avoir erré parmy les fables & les inventions inutiles des Anciens, il est devenu la proye malheureuse & infortunée de ces oyseaux carnaciers, dont vous parlez dans vostre Evangile; & que je n'ay que trop experimenté qu'il y a plusieurs manieres de sacrifier aux Anges rebelles.*

Et ne pensez pas que S. Chrysostome & S. Augustin ayent esté les premiers qui ayent reconnu ce desordre, & qui ayent recommandé sur toutes choses d'apprendre
aux

DES ENFANS. *Chap. XI.* 369
aux enfans les Ecritures saintes, &
d'en faire le sujet de leurs premieres lectures & de leurs plus serieuses occupations. S. Paul loüe luy-mesme le soin que Loïde, qui estoit ayeulle de Timothée, & Eunice qui estoit sa mere, avoient eu de l'instruire dés son enfance dans les Lettres saintes, lors qu'aprés luy avoir témoigné qu'il se souvenoit avec bien de la consolation de la foy sincere de ces deux saintes femmes, il l'excite à demeurer ferme dans les choses qu'il en avoit apprises; *considerant*, luy dit-il, *que vous avez esté nourri dés vostre enfance dans les Lettres saintes, qui peuvent vous instruire pour le salut par la foy qui est en* IESVS-CHRIST.

Dans la 2. Epist. à Tim. chap. I. v. 5.

Ib. 3. 15.

Ioseph attribüe l'eminente vertu de la mere des Macabées aux excellentes instructions que luy donnoit son pere en sa jeunesse, lequel entretenoit souvent ses en-

Trait. des Mach.

A a

fans des exemples de vertu, qui se trouvent dans l'Ecriture sainte.

Dans le 6. liv. de son hist. chap. 1.

Et Eusebe remarque que le pere d'Origene, non seulement luy apprenoit les lettres humaines, mais aussy la sainte Ecriture, dont il luy en faisoit tous les jours apprendre & reciter quelques passages.

Mais, ma Sœur, quelque soin que vous ayez d'apprendre à vos enfans les obligations du Christianisme, & de leur interdire les chansons & les vers qui expriment les beautez des femmes, & la passion que les hommes ont pour elles: Quoy que vous ne leur permettiez pas de lire les Romans, & d'avoir d'autres livres entre les mains que la sainte Ecriture, & les ouvrages des Peres de l'Eglise; toute cette prudence neanmoins sera vaine, si vous ne les enseignez vous-mesme par vos exemples, & si ce que vous faites ne leur remet devant les yeux ce qu'ils ont lû dans ces livres.

III. Moyen.

L'Exemple.

Les actions, dit S. Chrysostome, ont toute une autre force que les paroles sur les esprits des hommes pour les corriger. C'est ce qui fait que S. Paul recommande si fort la vertu aux serviteurs, parce qu'elle a tant de puissance, qu'elle se fait estimer dans les personnes les plus basses, & qu'elles deviennent par son moyen tres-utiles dans les familles.

Et pour ne me point éloigner de mon dessein, il est si naturel aux enfans de devenir semblables à leurs peres quant aux mœurs, que nostre Seigneur ne se sert point dans l'Evangile d'autre argument

"*Dās l'hom.*
"*S. sur la 2.*
"*Epist. aux*
"*Thess. ch.*
2.

En S. Iean,
chap. 8. v. 39.

pour convaincre les Iuifs, qu'ils n'eſtoient point les enfans d'Abraham, que parce qu'ils n'en faiſoient pas les actions; & qu'au contraire ils eſtoient les enfans du demon, parce qu'ils aimoient comme luy le meurtre & le menſonge. Et S. Chryſoſtome propoſe comme une regle infaillible à ceux qui ſe veulent marier, de conſiderer la vie du pere & de la mere de celle avec qui ils deſirent de s'allier, pour juger certainement de ſes bonnes, ou de ſes mauvaiſes qualitez.

Le fondement de ces veritez eſt, que les enfans ayant receu de leurs parens le germe, pour ainſi dire, & la ſubſtance de leurs propres paſſions; ſi les peres & les meres s'y laiſſent emporter en leur préſence, ce germe ſe réveille & ſe fortifie, & les paſſions prennent de nouvelles & de plus profondes racines dans leurs cœurs.

Outre que le respect qu'ils sont obligez d'avoir pour leurs peres & meres, ne leur permet pas de condamner leurs actions. Et comme ils ne sont pas capables de choisir dans leurs personnes ce qu'ils y doivent honorer; l'inclination que la nature leur a donnée pour les aimer, & pour les estimer, fait qu'ils aiment & qu'ils estiment les vices mesmes qui sont en eux, & qu'ils épousent facilement leurs sentimens les plus dangereux. Ce qui a fait dire à S. Gregoire, qu'une faute s'estend prodigieusement par le moyen de l'exemple, lors que celuy qui la commet est honoré à cause de l'excellence du degré où il est élevé: & à S. Augustin, que tout ce qu'un enfant peut faire dans un âge si foible & si tendre, c'est de considerer ses parens, & de faire aveuglément ce qu'il leur

« *Chap. 2. de la 1. partie de son Pastoral.*

« *Sur le Pseau. 136.*

" voit pratiquer. Que vostre fille, dit
" S. Ierosme à une Dame de qualité,
" ne voye jamais rien en vous ni en
" son pere, qui la puisse engager à
" quelque faute en vous imitant, &
" souvenez-vous qu'il la faut plûtost
" conduire par le bon exemple, que
" par le discours.

Dans la lettre à Leta.

Les Payens mesmes ont reconnu que tout le desordre qui estoit dans le monde, venoit du mauvais exemple que les peres & les meres donnoient à leurs enfans. Pleust à
" Dieu, dit Quintilien, que nous ne
" fussions pas nous-mesmes causes
" de la corruption, qui paroist dans
" les mœurs de nos enfans. Nous
" les élevons dans les delices dés leur
" plus tendre enfance : & cette edu-
" cation molle, que nous appellons
" indulgence, ruine insensiblement
" les forces de leur esprit & de leur
" corps. Que ne desirera pas un en-
" fant dans un âge plus avancé,

Liv. 1. de ses Instit. chap. 3.

qui ne pouvant pas encore mar- «
cher, se traisne, pour ainsi dire, «
sur la pourpre, & qui ne sça- «
chant pas encore former une pa- «
role connoist l'écarlatte, & sçait «
demander les estoffes les plus pre- «
cieuses. On leur apprend à goûter «
les viandes les plus exquises de- «
vant qu'ils sçachent s'exprimer. «
Ils croissent dans les carrosses & «
dans les litieres : & s'ils viennent à «
mettre le pied sur la terre, il y a des «
personnes de costé & d'autre sur «
lesquelles ils s'appuyent. Nous «
prenons plaisir à leur entendre di- «
re les choses les plus libres : & sou- «
vent on les caresse, & on leur ap- «
plaudit pour avoir dit des paroles «
infames, & que l'on auroit de la «
peine à souffrir dans les personnes «
les plus débauchées. Et je ne m'en «
estonne pas. Nous les leur appre- «
nons nous-mesmes. Ils nous en- «
tendent dire toutes ces choses : «

Aa iiij

„ & ils voyent les libertez que leurs
„ peres prennent avec les femmes,
„ & leurs meres avec les hommes.
„ Presque tous nos festins raison-
„ nent de chansons impudiques : &
„ il se passe dans la plus-part de nos
„ entretiens & de nos divertisse-
„ mens des choses tres-honteuses.
„ Les enfans s'accoûtument à voir
„ & à pratiquer ces déreglemens.
„ Cette coûtume passe en nature :
„ & ces malheureux apprennent à
„ commettre tous ces desordres,
„ avant mesme qu'ils soient ca-
„ pables d'en connoistre le dére-
„ glement.

 Voulez-vous donc, ma Sœur, vous acquiter de vostre devoir, & élever vos enfans, selon que l'ordonne S. Paul, dans la crainte & dans la discipline du Seigneur : Vivez vous-mesme dans cette crainte & dans cette discipline. Pratiquez la douceur & l'humilité, afin de les rendre plus dociles & plus soûmis. Que le respect que vous aurez pour tous les sentimens de vostre mary, leur enseigne à l'honorer & à le craindre. Que vostre modestie dans les habits leur inspire de l'aversion pour toutes les vanitez du siecle. Que l'humanité avec laquelle vous commandez à vos domestiques, leur apprenne à les traitter avec retenuë. Enfin soyez telle envers vostre Dieu, que vous voulez que vos enfans soient envers luy, & qu'ils se comportent envers vous-mesme; & n'oubliez jamais ces paroles de nostre Seigneur dans l'Evangile: *S. Luc 9. 41* *Si quelqu'un est un sujet de scandale & de cheute à un de ces petits, qui croyent en moy, il vaudroit bien mieux qu'on luy attachast une meule au cou, & qu'on le jettast dans la mer.*

CHAPITRE XII.

Ce qui est le plus opposé à l'application de ces Maximes & de ces Avis dans l'education chrestienne des Enfans.

IL y a deux choses particulierement qui empeschent les peres & les meres de suivre les maximes & les avis de l'Evangile & des Peres de l'Eglise dans l'education de leurs enfans, sçavoir la coûtume, & l'ambition.

La premiere, quoique bien souvent elle n'ait point de fondement plus legitime, que le déreglement des inferieurs & la lâcheté des superieurs, se fait suivre neanmoins par tout le monde. Elle emporte les cœurs & les esprits de ceux qui luy font le plus de resistance : & comme S. Augustin dit excellemment du demon, elle suffoque les Chrestiens, & étouffe en eux les sentimens les plus tendres de la pieté par l'exemple mesme des Chrestiens.

La seconde porte les esprits des hommes à la recherche des biens du monde. Elle se sert du desir naturel que nous avons de la gloire, pour nous la faire rechercher dans l'estat d'une haute fortune. Et en mesme temps que la coûtume empesche les peres & les meres de suivre les maximes de l'Evangile dans l'education de leurs enfans, en leur en inspirant de contraires; l'ambition les en détourne, en appliquant toutes leurs pensées & toutes leurs affections à l'establissement temporel de leurs enfans.

C'est icy où je vous prie d'observer quelle est l'adresse du demon pour nous tromper, & de quel artifice il se sert pour nous perdre. Les peres & les meres ne peuvent se défendre de travailler à l'education de leurs enfans; & c'est un sentiment qui leur est trop naturel pour ne pas mesme s'y porter avec violence. Il n'a donc garde de le combatre ouvertement, & de travailler à le détruire: mais il détourne avec adresse cette inclination vers une fin toute charnelle & toute terrestre; & fermant leurs yeux aux lumieres de la raison, & à celles de la foy, il leur presente un faux jour, qui leur fait faire mille faux pas, je veux dire, qui les engage par des respects humains à suivre dans l'education de leurs enfans l'air du monde, & les regles que la corruption du siecle a introduites.

Resolvez-vous donc, ma Sœur, à renoncer à tout ce que le monde approuve, & à entrer dans des sentimens opposez à ceux qu'il inspire à ses esclaves. Vous n'aurez pas de peine à suivre ce conseil, si vous faites la lecture du 15. & du 17. chapitre de S. Iean, où IESUS-CHRIST inspire à ses disciples une si forte aversion pour le monde, qu'en verité je ne pense pas qu'on puisse croire à l'Evangile, & vivre, sans trembler, dans l'estime & l'approbation du siecle.

Et quand je dis que vous ne devez rien craindre davantage que de vivre selon le monde; ne pensez pas, s'il vous plaist, que je pretendé, qu'à cause que vous avez des enfans, vous deviez vivre tout-à-fait solitaire, & rompre toutes les habitudes, que le sang & l'amitié vous permettent d'avoir en cette vie. Ce n'est pas là ce que demande IESVS-CHRIST d'une personne qui est engagée comme vous dans le mariage. Ie desire seulement que vous gardiez dans vos habits, dans vos discours, & dans toute vostre conduite une si grande modestie, une si grande retenüe, & une douceur si parfaite, que vostre seul exterieur condamne toutes les vanitez, & toutes les pompes du siecle.

Ie desire qu'en entrant dans les compagnies, celles qui sont vestües si superbement, rougissent de vostre simplicité, & que vostre propreté leur donne de la confusion dans leur excés.

Ie desire que vos enfans soient cheris de tout le monde à cause de l'innocence & de la pieté que vous leur inspirez ; que tous les peres & toutes les meres envient vostre bonheur à cause de leur obeïssance ; & qu'ils ne soient recherchez qu'à cause de leur vertu & de leur modestie.

Enfin je desire que vostre maison soit si bien reglée, & que vos domestiques soiēt si bien instruits, que tout ne respire chez vous que pieté & qu'honnesteté ; &, comme dit S. Chrysostome, que vostre maison en particuliere soit une image & un petit crayon de toute l'Eglise.

Pour cela, ma Sœur, il faut se détacher peu à peu de toutes les creatures. Sous pretexte d'amasser du bien à ses enfans, il ne faut pas dérober aux pauvres ce qui leur est deu, contenter son avarice, & oster mesme à ses enfans la protection de Dieu, qui est leur veritable Pere. *Si le Seigneur n'edifie luy-mesme une maison en vain*, dit le texte sacré, *travaillent ceux qui s'efforcent de l'édifier.* *C'est chercher sa ruine que de l'élever extremement.* Et *celuy qui se conduit par un esprit d'avarice trouble & renverse sa maison.*

Dans le Pseau. 126. v. 1.
Prover. 17. v. 17.
Prover. 15. v. 27.

Et si, selon S. Augustin, c'est Dieu qui fait le pauvre & qui fait le riche : pourquoy vous inquieteriez-vous tant pour vos enfans ? Pourquoy ne vous confiriez-vous point en sa divine Providence ? Pourquoy n'employriez-vous point tous vos soins à leur rendre Dieu favorable, & une partie de vos biens à leur faire, selon les termes de l'Evangile, des amis auprés de sa divine Majesté ?

<small>Dans l'ho- melie 48.</small>

<small>En S. Luc, ch. 16. v. 9.</small>

Au reste, ma Sœur, quoique Dieu vous fasse la grace d'observer exactement tout ce que je viens de vous représenter dans l'education de vos enfans, & que vous vous appliquiez uniquement à leur inspirer les maximes & les sentimens de l'Evangile & des Peres de l'Eglise, & de leur donner de l'horreur pour tout ce qui peut y estre contraire : Vous devez neanmoins en abandonner entiere-

entierement l'évenement à Dieu, laissant à sa sagesse & à sa bonté de rendre vos soins utiles à vos enfans.

Car comme vous ne devez regarder que sa gloire dans le soin que vous prenez de les élever selon les loix de l'Evangile ; s'il souffre que vous soyez frustrée en quelques-uns d'eux du fruit de vostre travail, & qu'ils negligent tous les bons sentimens que vous vous serez efforcée de leur inspirer, pour s'abandonner aux passions & aux déreglemens qui regnent dans le monde : vous devez vous soûmettre en cela à sa sainte volonté, comme en toute autre chose, & prendre bien garde de ne vous point laisser emporter à des paroles de murmure, ni de croire qu'il n'ait pas eu pour agréables vos soins & vos peines ; puisqu'il ne vous arrivera rien en cela, qu'il n'ait permis qu'il arrivast à plusieurs Saints, qui aprés avoir fait tous leurs efforts, comme vous aurez pû faire, pour élever leurs enfans selon la volonté de Dieu, n'ont pas laissé d'estre frustrez dans quelques-uns du fruit de leurs peines.

En effet, je remarque dans l'Ecriture sainte, que la pluspart de ceux qui ont esté plus particulierement favorisez de Dieu, ont tous receu du déplaisir d'une partie de leurs enfans.

Adam a eû la douleur de voir son cadet assassiné par son aisné, & cet aisné par un juste jugement de Dieu vagabond & fugitif sur la terre pour la peine de son crime.

De trois fils que Noé avoit, un d'eux découvrit à ses freres avec mépris l'estat indécent où il l'avoit trouvé aprés qu'il se fut enyvré, au lieu de se le cacher à soy-mesme par respect, comme firent ses autres freres : ce qui attira sur luy la malediction de son pere & celle de Dieu.

Quel déplaisir n'a pas eu Isaac de la division qui estoit entre Iacob & Esaü, & qui l'obligea d'éloigner de luy Iacob pendant plusieurs années, & de l'envoyer en Mesopotamie, jusques à ce que le ressentiment d'Esaü fust appaisé ? Esaü ne se maria-t-il pas contre sa volonté à des filles étrangeres, pour qui il avoit tant d'aversion, qu'il recommanda expressément à Iacob de n'imiter point son frere, & de ne prendre jamais de femme parmy les enfans de Canäan ?

Iacob a eü le déplaisir de sçavoir que Ruben, qui estoit son fils aisné, avoit abusé de la personne de Bala, l'une de ses femmes. L'indiscretion de Dina sa fille unique fut cause qu'elle fut enlevée & violée par Sichem, qui estoit un jeune Seigneur de ses voisins. Simon & Levi, deux de ses enfans, se liguerent sans sa permission & contre sa volonté, pour vanger cet attentat; & en passant au fil de l'épée tous les sujets de ce Prince, ils exposerent leur pere, comme il s'en plaignit luy-mesme, à la haine de tous les peuples circonvoisins. Tout le monde sçait la peine que luy causa la jalousie que ses enfans conceurent contre Ioseph, & la douleur qu'il eut de la captivité de Benjamin, qu'il aimoit si tendrement.

Aaron vit deux de ses fils, qui avoient esté consacrez au service de l'autel, punis de mort pour avoir fait une faute dans l'exercice de leur ministere; & il en fut si vivement touché, qu'il ne pût manger ce jour-là des viandes qui avoient esté offertes en sacrifice, ni mesme s'appliquer comme il falloit aux fonctions de son Sacerdoce; parce, comme il le dit luy-mesme, qu'il avoit le cœur & l'esprit accablé de la douleur de cette perte.

Le grand Prestre Heli, qui estoit un tres-saint homme, eut deux fils tres-méchans, qui aprés luy avoir causé beaucoup de déplaisir par le déreglement de leur vie, le firent mourir de douleur lors qu'il apprit de quelle maniere ils avoient esté tüez, & le châtiment épouvantable qu'ils avoient attiré par leurs crimes sur tout le peuple d'Israël.

Samüel n'avoit que deux fils qu'il avoit establis juges de ce mesme peuple. Mais ils ne furent pas plûtost élevez à cette dignité, qu'ils se laisserent corrompre aux presens, & qu'ils parurent si interessez, & si peu equitables, que tout le peuple les rejetta, & demanda un Roy à Samüel pour mettre en leur place.

Quels déplaisirs David n'a-t'il pas receus de ses enfans? Ammon son fils aisné commit un inceste avec sa sœur Thamar. Absalon, qui estoit son second fils, tua Ammon dans un festin pour venger l'injure qu'il avoit faite à sa sœur: & ce malheureux estant rentré dans les bonnes graces de son pere, tâcha secrettement de soûlever le peuple contre luy; & s'estant declaré hautement, & ayant pris les armes, il l'obligea de s'enfuir de Ierusalem, il abusa de ses femmes à la veüe de tout le peuple, & il eut l'insolence de le poursuivre les armes à la main, & de luy presenter la bataille.

Que si vous desirez sçavoir pourquoy Dieu a permis que ces grands hommes, pour qui il a fait tant de merveilles, & à qui il a témoigné tant de bonté, ayent neanmoins receu de si sensibles déplaisirs de leurs enfans, & que ces mesmes enfans ayent si fort degeneré de la vertu & de la pieté de leurs peres : il est aisé de vous répondre, que c'est pour apprendre aux peres & aux meres, qui n'ont pas le merite de ces hommes si illustres,

1. Qu'ils ne sont redevables qu'à sa grace, de ce que leurs enfans ne leur causent pas les mesmes déplaisirs, & ne sont pas dans le libertinage ; & que ce seroit peu de chose qu'ils s'appliquassent avec beaucoup de soin à leur educacation, s'il ne benissoit leur travail.

2. Que le plus grand exercice qui puisse arriver à un pere chrestien, & dont Dieu puisse se servir pour éprouver sa fidelité & sa soumis-

sion aux ordres de sa Providence, est de permettre que ses enfans manquent à ce qu'ils luy doivent, & à ce qu'ils sont obligez de rendre à Dieu ; & qu'ainsi les peres & les meres doivent se disposer à supporter ces sortes d'afflictions & d'épreuves, quelques dures qu'elles soient, dans des dispositions toutes chrestiennes, lors qu'il luy plaist de les leur envoyer.

3. Que comme il est bien difficile qu'ils ne commettent quelque faute dans leurs enfans, soit dans la maniere de les élever, soit dans la trop grande indulgence qu'ils ont pour eux, soit enfin dans la maniere trop humaine dont ils sont attachez à leur personne ; Dieu selon l'ordre immüable de sa sagesse, qui nous punit par les choses mesmes par lesquelles nous l'offensons, se sert des enfans pour châtier les peres & les meres des fautes qu'ils

ont commises en leur consideration. C'est ainsi que Dieu punit l'incontinence de David, en enlevant du monde le fils qu'il avoit eu de Bethsabée, & qu'il vengea ensuite l'adultere, qu'il avoit commis en secret avec cette femme, par l'abus qu'Absalon fit de ses femmes aux yeux de tout son peuple.

4. Enfin Dieu permet que les peres & les meres reçoivent du déplaisir de leurs enfans, non seulement afin de les humilier, d'éprouver leur fidelité, & de punir les fautes qu'ils ont pû commettre dans leur education ; mais encore afin de purifier davantage l'affection raisonnable qu'ils ont pour eux, & de leur apprendre à les aimer, non pas à cause de la douceur qu'ils trouvent dans la soumission & les respects qu'ils leur rendent, mais parce qu'ils appartiennent à Dieu. Car il veut qu'ils s'accoû-

tument à ne regarder que luy seul dans tout ce qu'ils font pour leurs enfans, & à surmonter toutes les difficultez qui se rencontrent dans le dessein qu'ils ont de les porter à son service jusques à souffrir patiemment le mépris qu'ils font de leurs avertissemens, & les poursuivre à l'exemple de sainte Monique, malgré toutes leurs resistances, jusques à ce que Dieu ait touché leur cœur, & qu'ils ayent obtenu leur conversion par leurs larmes & par leur perseverance, comme cette Sainte obtint celle de S. Augustin.

Vous me direz peut-estre que j'exige de vous de grandes choses; que je demande que vous fassiez toutes vos actions dans un esprit de pieté & de zele pour les interests de Dieu ; que vous soiyez continüellement appliquée à procurer sa gloire dans les enfans qu'il luy plaira de vous donner ; & qu'encore que je ne vous parle point de la priere, je vous engage neanmoins d'y avoir recours tres-souvent, puisque je vous propose une conduite & des maximes, que vous ne pouvez garder sans les lumieres de la grace, & sans estre soûtenüe puissamment de celuy duquel nous n'obtenons le secours que par une humble priere.

J'avoüe, ma Sœur, que pour vous acquiter dignemēt de l'obligation que vous avez de donner à vos enfans une education toute chrestienne ; de suivre dans cette education les Maximes de l'Ecriture sainte & les Avis des Peres de l'Eglise ; de les appliquer dés leur plus tendre enfance aux besoins particulierement de ceux que vous destinez à vivre dans le siecle; d'embrasser les moyens qui peuvent vous aider dans ce genereux deſſein; de vaincre les oppoſitions qui s'y rencontrent, & d'imiter parfaitement ces excellentes idées d'une ſainte education que je vous ay propoſées en la conduite de Dieu, & en celle de l'Egliſe : j'avoüe, dis-je, que pour vous acquitter dignement de tous ces devoirs, vous avez beſoin de graces tres-puiſſantes, & que vous devez vivre dans une continüelle recherche, & dans une profonde adoration des deſſeins de Dieu ſur vos enfans.

Il faut meſme que vous luy demandiez avec beaucoup d'inſtances l'uſage de ſes lumieres, pour entrer dans la connoiſſance de leurs beſoins; que vous vous abandonniez à ſon eſprit pour le choix des ſentimens que vous leur devez inſpirer, & des momens où vos châtimens & vos inſtructions leur ſeront profitables; & que vous le priiez que puisque *celuy qui plante & qui arrose n'est rien*, il donne luy-mesme de la vertu à vos paroles; qu'il grave dans leurs cœurs sa crainte & son amour; & que comme il a voulu se servir de vous pour leur donner la vie du corps, & que par vos soins à leur procurer le baptesme vous contribüassiez à leur faire obtenir celle de l'ame; il se serve aussy de vous pour conserver & pour fortifier en eux sa grace, de mesme qu'il vous oblige à veiller à la conservation & à l'augmentation de leurs forces corporelles.

Enfin il faut que vous vous proposiez d'atteindre à une tres-haute perfection, & à une fidelle pratique de toutes les vertus les plus heroïques.

Mais outre que vous avez veu par le passage de S. Iean Chrysostome, que je vous ay cité dans le 2. chapitre de ce livre, l'étroite obligation que tout le monde a de s'efforcer d'atteindre à la perfection ; & que de plus S. Augustin nous apprend que nous pouvons exciter les personnes mariées à l'acquisition de tous les dons de graces, par lesquels on marche à la suite de Iesvs-Christ, excepté à l'acquisition de celuy de la virginité, qui est irreparable : pouvez-vous trouver étrange que vostre mariage devant estre le sacrement de l'alliance que Iesvs-Christ a contractée avec son Eglise, je vous conjure de regler vos actions sur celles de cette sainte Epouse ? Pouvois-je mesme me proposer d'autre dessein dans ce petit ouvrage, en vous marquant les moyens de rendre vos enfans de véritables chrestiens, sinon de vous donner lieu de pretendre à la mesme gloire que cette sainte

Dans le liv. de la sainte virgin. chap. 29.

Epouse de Iesus-Christ, & de faire connoistre à tout le monde, par l'education chrestienne de vos enfans, que vous ne vous estes pas engagée dans le mariage par des considerations humaines, ou par d'autres sentimens indignes du Christianisme ; mais, pour me servir des termes de S. Augustin, *Que vous n'avez esté femme, & que vous ne desirez estre mere que pour l'amour de* Iesus-Christ, *& pour les interests de son Eglise.*

Dans le liv. du bien du mariage, ch. 25.

FIN.

Fautes à corriger.

page	ligne	fautes	corrections
25	20	qu'il	s'il
Ibid.	22	qu'elle	quelle
26	19	asseure	avance
29	8	retiré à	retiré, à
34	7	cette	cet
140	20	doit	doive
162	6	leurs	leur
193	23	des mœurs & des inclinatiós de leurs meres.	de leurs mœurs & de leurs inclinations.

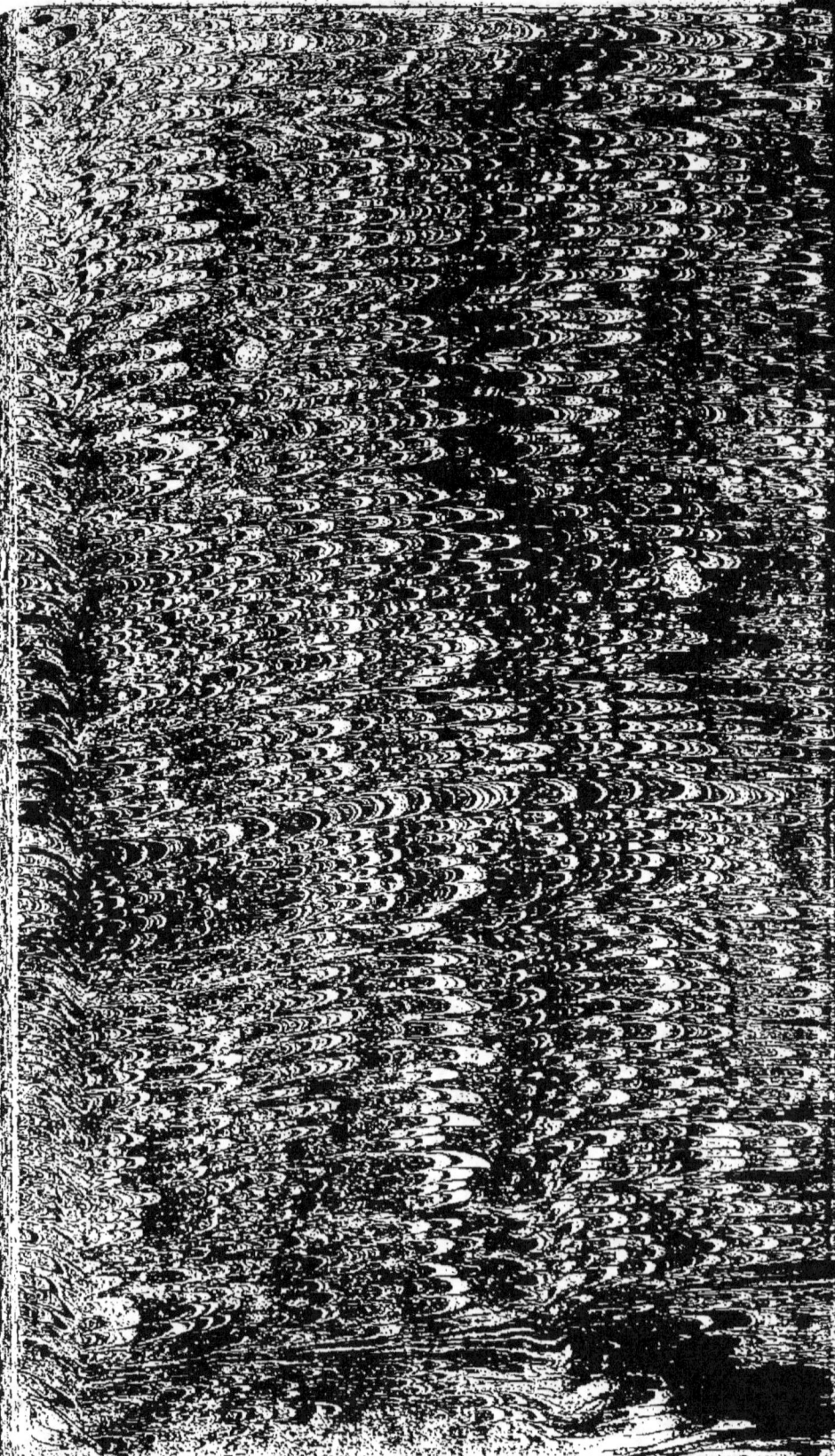

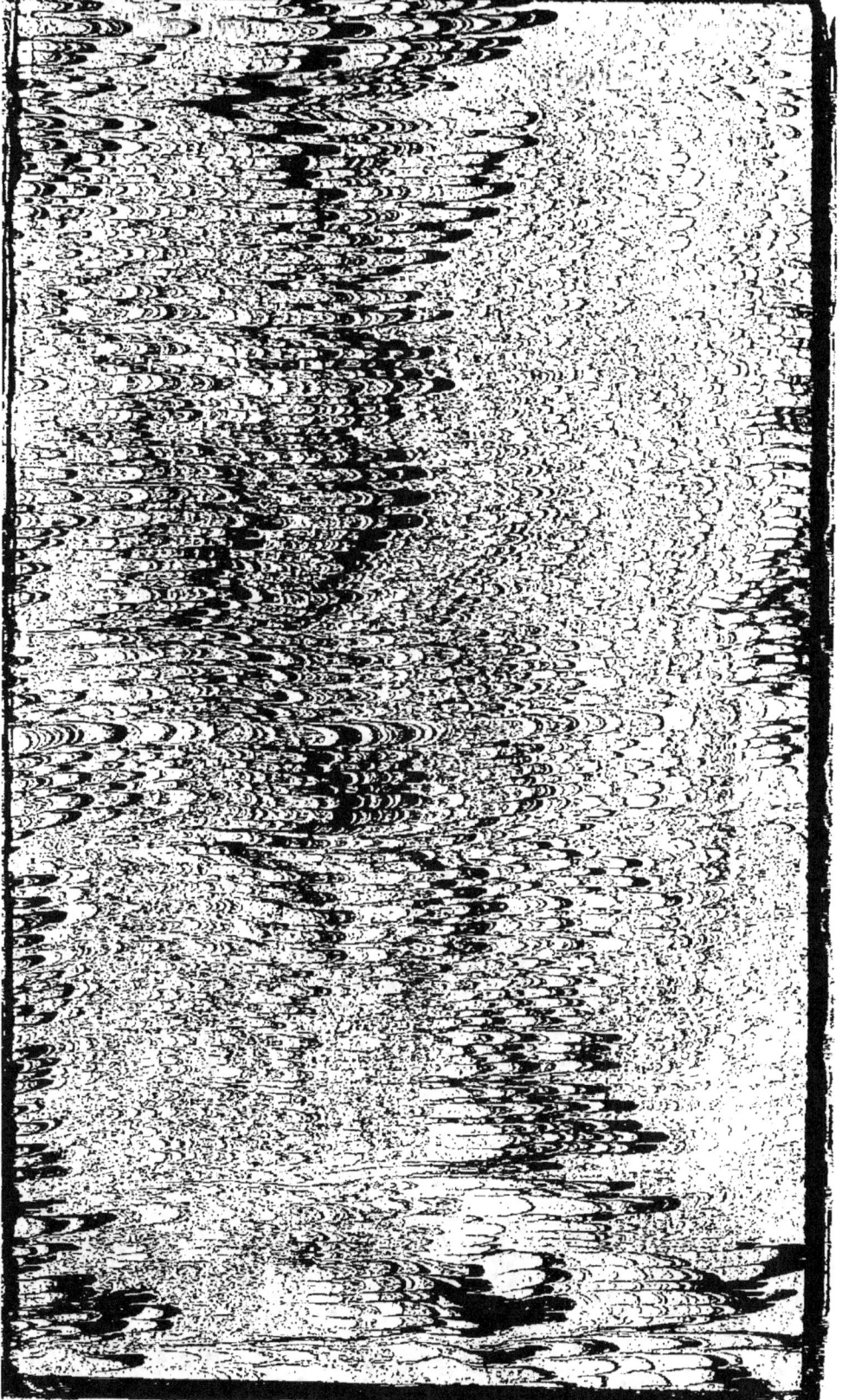